▼ 幼儿园区域活动材料丛书

广东省教育教学成果（基础教育类）一等奖
"幼儿个别化学习的'支架式'课程体系的研究与建设"成果之一

幼儿园数学区
材料设计与评价

王微丽　霍力岩　主编

中国轻工业出版社

图书在版编目(CIP)数据

幼儿园数学区材料设计与评价/王微丽,霍力岩主编.—北京:中国轻工业出版社,2018.5(2023.8重印)

(幼儿园区域活动材料丛书)

ISBN 978-7-5184-1782-7

Ⅰ.①幼… Ⅱ.①王… ②霍… Ⅲ.①数学课-学前教育-教学参考资料 Ⅳ.①G613.4

中国版本图书馆CIP数据核字(2017)第311996号

保留所有权利。非经中国轻工业出版社"万千教育"书面授权,任何人不得以任何方式(包括但不限于电子、机械、手工或其他尚未被发明或应用的技术手段)复印、拍照、扫描、录音、朗读、存储、发表本书中任何部分或本书全部内容(包括但不限于光盘、音频、视频等)。中国轻工业出版社"万千教育"未授权任何机构提供源自本书内容的电子文件阅览、收听或下载服务。如有此类非法行为,查实必究。

责任编辑:吴 红

策划编辑:吴 红 责任终审:杜文勇
责任校对:刘志颖 责任监印:吴维斌

出版发行:中国轻工业出版社(北京东长安街6号,邮编:100740)

印　　刷:三河市双升印务有限公司

经　　销:各地新华书店

版　　次:2023年8月第1版第6次印刷

开　　本:710×1000　1/16　印张:15.25

字　　数:100千字

印　　数:15001—18000

书　　号:ISBN 978-7-5184-1782-7　定价:60.00元

读者热线:010-65181109,65262933

发行电话:010-85119832　传真:010-85113293

网　　址:http://www.chlip.com.cn　http://www.wqedu.com

电子信箱:1012305542@qq.com

如发现图书残缺请拨打读者热线联系调换

171237Y1X101ZBW

本书编者

主　编：王微丽　霍力岩
副主编：何红漫　刘　隼　范　莉
编　者：何红漫　刘　隼　卓瑞燕　李艳辉　戴文婷

丛书序一

《幼儿园区域活动——环境创设与活动设计方法》一书出版以来,引起了幼教同行的积极反响。从全国各地来到深圳市莲花二村幼儿园参访的老师和一些读过这本书的老师常常会跟我说:"如果能系统地把你们区域活动的这些材料整理出来就好了!"实际上,多年来我们坚持不批量生产区域材料,就是希望每一份材料都有其独特性,无形中要求每位教师去发现孩子、理解孩子,让每份亲手制作的材料都蕴含教师对儿童的专业解读与引导,更好地支架儿童的适宜性发展。

近几年,我们力求用图文并茂的方式,直观地将孩子们很喜欢摆弄且富有教育内涵的"一份一份的材料",这些凝聚了老师们的教育智慧与辛勤劳动的儿童个别化学习材料,完整地记录并展示出来。这对于分享我们的课程研究成果,助力一线教师的专业发展,是一件很有意义的事情。

如今,展现在您面前的这套"幼儿园区域活动材料丛书",汇总了我们幼儿园经过十多年探索、实践和打磨的经典区域活动材料。对于每一份材料的组成部分、设计原理、使用方法和教育价值,我们都如数家珍,一一奉上。我们希望这套丛书,除了作为范例,还能引发教师们对这种"支架儿童的个别化、主动学习"的区域材料的研发与拓展兴趣,从中更加明白如何提供给儿童最适宜的学习操作材料。欣喜之余,仿诗一首,聊表感恩——

新千年的钟声,敲响了课程起航的号角;
恰好那年,四名亲爱的老师,在炎热的盛夏,赴京学习蒙氏奥妙。

精巧深邃的智慧，点化消融成一份份的材料，
启迪我们，发现孩子童年秘密的通道——
要用智慧与爱，拨亮生命自信的光芒；
要让吸收性的心灵，拥抱爱与自由，绽放微笑。

追随着蒙氏的脚步，接触到世界的前沿；
扎根在深圳的土壤，我们敢为人先。
从蒙台梭利，到多元智能；
从《纲要》《指南》，到文化传承。
个别化学习，环境化教育；
丰富性、吸引性、层次性、引导性；
——这都是我们的理念。
打开这套凝聚理论智慧、实践经验的丛书，
一抹慧智，一捧童心，皆在玉壶。
但愿给你，有益的借鉴。

来自偶然，像一粒微小的尘土，
情归何处，用感恩浇灌漫漫长路。
感谢深圳市投资控股有限公司幼教管理中心的领导，为我们鸣锣开路、挡风遮雨；
感谢北京师范大学的霍力岩教授和您的学术团队，有您的指引，我们不至于迷失；
感谢香港大学的李辉教授，陕西师范大学的赵琳、刘华教授，时常前来指点迷津；
感谢我们莲花二村幼儿园所有的教职工，有你们的付出和智慧，才有今日的芬芳；
感谢一起走过的莲子宝贝和家长们，你们的喜爱和成长，是我们源源不

断的动力。

感恩的心,感谢有你;

花开花落,永远珍惜。

深圳市莲花二村幼儿园园长

王微丽

2017 年 9 月

丛书序二

在我国，自 20 世纪 80 年代的幼儿园课程改革以来，区域活动成为幼儿园课程的主要组成部分。学前教育工作者从理论、模式、策略、材料等多个方面，对如何有效地开展区域活动，从而支持儿童的主动学习和全面发展进行了广泛与深入的探索。这些探索实际上受到了我国改革开放、社会变革、文化引入与融合等复杂而深刻的影响，其中最引人瞩目的，不外对世界范围内先进课程模式的模仿与借鉴。幼儿园区域活动作为一种"舶来品"，从文化历史学的分析来看，正是欧美文化对中国学前教育课程实践的形塑。最初涌入的这些区域活动类型主要包括蒙台梭利教学法中的个别化区域学习及操作、高宽课程中的室内学习区，以及方案教学中的个别或小组操作、实验等。在引入及学习这些课程模式的背后，进步主义、人本主义、认知建构主义、社会建构主义等欧美主导的心理学和教育学理论开始涌入我国教育界，尊重儿童的权利、强调儿童主体性的发挥，成为许多幼教界人士的共识。由观念转变深化到实践变革，幼儿园区域活动逐渐成为促进儿童主动学习和个别化学习、弥补传统集体教学活动不足的重要课程形式。

然而，从我国改革开放至今，学前教育界对区域活动的开展一直存在不同见解。在教学实践中，对于区域活动的环境布置、材料投放、开展过程以及支持策略，"仁者见仁，智者见智"。比如说，区域活动所提供的材料常常被划分为高结构、低结构、无结构（自由）等不同类型，而区域活动的开展过程也会有独立开展、两人合作、多人参与等不同形式。由于国家层面缺乏对幼儿园课程的明确指引，加上园本课程的"百花齐放"，渐渐地，区域活动的开展开始各自为政，没有标杆，区域活动的开展质量也存在良莠不齐的现象。如何有效地开展幼儿园区域活动，包括区域材料的设计与制作、区域环境的布置、对幼儿学习的支持、区域活动的评价，等等，成为一直萦绕在幼儿园一线教师（尤其是新手教师）心头的疑团。

实际上，幼儿园区域活动的开展，关键要素有四个：环境、材料、儿童和教师。实现良好的区域环境布置和材料投放，是区域活动中儿童主动学习及教师有效引导的前提。以苏联心理学家维果茨基为主要提出者的社会文化历史理论提出，环境与材料是实现教学主体（教师）与客体（儿童）之间有效关联的中介，是促进儿童实现有效学习的工具与内容。可以说，区域活动材料是开展幼儿园区域活动的突破口。但是，据我们观察，目前我国的很多幼儿园教师并不了解有效区域学习材料的制作与投放，更不清楚如何在区域活动中支持和评价幼儿的学习。幼儿园区域活动开展时的要素关联很难得到有效的建立，幼儿的主动学习和有效学习也得不到保障，关键经验得不到提升。

2000年，深圳市莲花二村幼儿园开始借鉴蒙台梭利教育法，既遵照蒙氏材料的丰富性、吸引性、层次性、引导性等关键原则，又根据中国儿童的发展特点和需要，立足于深圳市乃至中国的社会文化土壤，开发出了体系化的、丰富的、适合中国幼儿的区域活动材料。在长达17年的反复实践中，该幼儿园的教师团队不断学习新的课程理论与方法（包括高宽课程、多元智能理论等），对其园本区域活动进行了持续的优化。2014年，由该幼儿园的教师编写的《幼儿园区域活动——环境创设与活动设计方法》正式出版，对幼儿园区域活动的开展经验进行了全面的总结，从区域环境的创设、区域材料的投放、区域活动的组织、区域活动的评价等多个方面为幼儿园一线教师提供了一本理论扎实、操作性强的参考书。

在这本书的基础上，该幼儿园的教师团队为了进一步分享区域活动开展的经验，以幼儿园区域材料的设计与评价为侧重点编写了"幼儿园区域活动材料丛书"，对应《幼儿园教育指导纲要（试行）》（以下简称《纲要》）和

《3—6岁儿童学习与发展指南》(以下简称《指南》)的要求,从数学区、语言区、科学区、社会区、艺术区、生活区等领域,完整地呈现了他们对幼儿园区域材料的研究与实践成果。该丛书既详细地阐述了关于区域活动的理论与方法,又通过大量真实的区域活动案例生动地介绍了不同区域的材料设计与评价,这对于广大幼儿园教师开展区域活动具有非常高的借鉴价值和很重要的指导作用。通过阅读这套丛书,我们能够更清楚地了解到,幼儿园教师应该如何设计、制作和投放区域材料,应该如何基于区域活动支持和引导幼儿的个别化学习、主动学习与探索,应该如何观察和评价区域活动中的幼儿。

北京师范大学教育学部学前教育研究所教授

霍力岩

2017年10月

丛书序一 ·· i

丛书序二 ·· v

第一章 解读数学区 / 1

第一节 数学区概述 ·· 3
一、数学区基本概念 ·· 3
二、数学区教育功能 ·· 4
三、关键经验及思维导图 ·· 7

第二节 数学区环境 ·· 9
一、数学区环境的特点 ··· 9
二、数学区物品的摆放 ·· 12
三、数学区中的标识 ··· 16

第三节 数学区材料 ··· 19
一、数学区材料特点 ··· 19
二、数学区材料投放 ··· 28
三、数学区材料预览 ··· 37

第二章　数学区材料案例 / 39

第一节　小班数学区 ·················· 41
　　一、小班数学区设计思路 ·················· 41
　　二、小班数学区活动导航 ·················· 41
　　三、小班数学区材料案例 ·················· 42

第二节　中班数学区 ·················· 87
　　一、中班数学区设计思路 ·················· 88
　　二、中班数学区活动导航 ·················· 88
　　三、中班数学区材料案例 ·················· 89

第三节　大班数学区 ·················· 134
　　一、大班数学区设计思路 ·················· 135
　　二、大班数学区活动导航 ·················· 135
　　三、大班数学区材料案例 ·················· 136

第三章　教师对幼儿的支持 / 185

第一节　单次活动中教师的支持 ·················· 187
　　一、小班案例分析 ·················· 187
　　二、中班案例分析 ·················· 189
　　三、大班案例分析 ·················· 192

第二节　数学区学习故事 ·················· 195
　　一、教师记录方法 ·················· 195
　　二、教师记录案例 ·················· 198

第四章 数学区活动评价 / 205

第一节 数学区材料评价方式 ·· 207
    一、数学区材料的评价内容 ······································· 207
    二、小班数学区材料评价表实例 ··································· 213

第二节 数学区幼儿活动评析方法 ······································ 216
    一、数学区幼儿活动评析方法 ····································· 216
    二、基于大、中、小班幼儿评价内容的分析 ························· 222

参考文献 ··· 225

后记 ··· 227

第一章

解读数学区

我国各地幼儿园在开设区域活动课程时，依据的理论背景以及开展的实践活动各有不同，在区域的体系设置上也各不相同。在中国化、本土化区域活动研究过程中，深圳市莲花二村幼儿园借鉴、吸收、整合国内外先进的教育理念及相关经验，经过长达十几年的探索与研究，总结、整理并出版了《幼儿园区域活动——环境创设与活动设计方法》（中国轻工业出版社2014年出版）一书。我们在书中将幼儿园区域体系划分为三大类型，即预备区域、基本区域和延伸区域，同时每个区域类型下都包含着相关的子区域：以幼儿适应性为依据设置的预备区域包括生活区、感官区以及生态区，以幼儿基本发展需求为依据设置的基本区域包括语言区、社会区、科学区、数学区、艺术区、文化区，以幼儿个性化发展需求为依据设置的延伸区域包括拓展区和特别研究区。在三大区域中，预备区域是其他区域的前提和必要准备，基本区域内容涵盖了幼儿基本发展的各个方面，延伸区域是为有特殊需求的幼儿设置的，这些区域中的每个子区域有自己独立的体系和特点，同时各区域之间又相互关联、互为依托。本章将重点解读数学区、数学区环境和数学区材料。

第一节　数学区概述

数学区是教师根据幼儿园教育目标和幼儿的数学发展水平而创设的活动区域，它是通过有目的地投放数学活动材料，让幼儿根据自己的意愿和能力进行操作与探索，进行个别化的自主学习的活动区域。幼儿思维的具体形象性的特点凸显了直接感知、亲身体验的认知规律，对幼儿学习数学有重要意义。数学活动的材料应具有明确的目标线索及层次性和趣味性，能够激发幼儿学习数学的兴趣，从而使幼儿掌握一定的学习方法。

一、数学区基本概念

《纲要》明确指出："引导幼儿对周围环境中的数、量、形、时间和空间等现象产生兴趣，建构初步的数概念，并学习用简单的数学方法解决生活和游戏中某些简单的问题。"数学区域活动是教师根据《纲要》中提出的数学领域目标和班级幼儿的数学发展水平创设的，教师有目的地创设活动环境，投放多种符合幼儿需要、满足幼儿兴趣的可操作的数学材料，幼儿根据自己的意愿和能力进行个别化的自主学习。

数学区的活动目标和层次要求相对数学集体教学来说更为宽泛、更加长远。它以培养幼儿喜欢数学的情感、态度，引导幼儿初步掌握学习数学的方法，感受事物的数量关系并体验到数学的重要和有趣，提高探索和解决数学问题的能力为主要目标。数学区材料体现的知识点涵盖了幼儿阶段数学领域学习的基本内容，其中包括有关数学的感知体验和态度，数、量和数量关系，形状和空间概念，等等。通过在数学区为幼儿提供大量具体、可操作的材料，可把抽象知识具体化，培养幼儿对数学的直观认识和学习兴趣。在操作活动中，允许幼儿按照自己的学习方式、速度去操作实践，并通过主动探究去发现新知识，巩固已有的旧知识并运用于生活实践中。在此基础上，还应根据幼儿的实际发展水平和需要，增加更多具有生活化特点、富有趣味性的材料作为补充，培养幼儿的数学思维，促进幼儿智力的发展。教师在数学区对幼儿的指导要适度，多给予鼓励、启发、挑战、暗示，尽量让幼儿自己去发现探索。

二、数学区教育功能

数学学科本身具有较强的逻辑性和层次性，幼儿学习数学时在学习经验、学习方式、学习速度等方面存在个体差异。数学区为不同学习能力的幼儿提供了充足的时间和空间学习数学、应用数学经验解决实际生活中存在的问题。在活动中，教师会根据幼儿的学习特点灵活地运用多种形式与幼儿互动，支持他们自主探索和主动学习。数学区的活动有时是以教师为主导发起的，有时是以幼儿为主导发起的，有时是师幼间的互动，有时是幼儿同伴间的互动。这个开放的空间可以帮助幼儿积累数学经验，激发其主动学习的欲望，促进其思维能力的提升。数学区的主要功能有以下几个方面。

（一）促进幼儿发展

数学区的教育功能，首先是能促进幼儿形成数概念，积累相关的数学经验，使他们的数学能力得到综合而全面的发展；借助于数学区域这一平台，幼儿将获得的经验加以运用，从而增强运用知识解决生活中实际问题的能力。

（1）提供幼儿感兴趣的材料，通过有组织的学习和自由探索促进幼儿数学概念的发展，帮助幼儿积累数学经验。

（2）提供机会让幼儿充分利用观察、体验、操作、比较、推理等方式解决问题，发展逻辑思维，洞察事物之间的关系。

（3）提供自由操作的机会，满足幼儿的个体需要。

（二）落实《纲要》和《指南》的精神

在幼儿园设置数学区，可以将《纲要》和《指南》中提出的数学领域目标及要求，转化为具体的区域活动实施方案，全面落实《纲要》和《指南》的精神。我们在参照《纲要》和《指南》中的数学领域目标的基础上制定了我园的数学区域目标（见表1-1）。

表1-1 《纲要》、《指南》和我园在数学方面的目标对照表

《纲要》中的目标	《指南》中的目标	我园的目标
（一）目标 1.对周围的事物、现象感兴趣，有好奇心和求知欲。 2.能运用各种感官，动手动脑，探究问题。 3.能用适当的方式表达、交流探索的过程和结果。 4.能从生活和游戏中感受事物的数量关系并体验到数学的重要和有趣。 （二）内容与要求 1.引导幼儿对身边常见事物和现象的特点、变化规律产生兴趣和探索的欲望。	目标1 初步感知生活中数学的有用和有趣 3—4岁 1.感知和发现周围物体的形状是多种多样的，对不同的形状感兴趣。 2.体验和发现生活中很多地方都用到数。 4—5岁 1.在指导下，感知和体会有些事物可以用形状来描述。 2.在指导下，感知和体会有些事物可以用数来描述，对环境中各种数字的含义有进一步探究的兴趣。 5—6岁 1.能发现事物简单的排列规律，并尝试创造新的排列规律。 2.能发现生活中许多问题都可以用数学的方法来解决，体验解决问题的乐趣。 目标2 感知和理解数、量及数量关系 3—4岁 1.能感知和区分物体的大小、多少、高矮、长短等量方面的特点，并能用相应的词表示。	（一）区域总目标 能从生活和游戏中感受事物的数量关系并体验到数学的重要和有趣。 （二）各年龄段目标 3—4岁 1.正确认读1—10的数字。 2.关心周围环境中物体的数量及数量关系。 3.关心周围环境中的物体形状，喜欢运用各种几何体进行拼搭和建造活动。 4.学习比较大小、长短。 4—5岁 1.学习书写1—10的数字。

续表

《纲要》中的目标	《指南》中的目标	我园的目标
2. 为幼儿的探究活动创造宽松的环境，让每个幼儿都有机会参与尝试，支持、鼓励他们大胆提出问题，发表不同意见，学会尊重别人的观点和经验。 3. 提供丰富的可操作的材料，为每个幼儿都能运用多种感官、多种方式进行探索提供活动的条件。 4. 通过引导幼儿积极参加小组讨论、探索等方式，培养幼儿合作学习的意识和能力，学习用多种方式表现、交流、分享探索的过程和结果。 5. 引导幼儿对周围环境中的数、量、形、时间和空间等现象产生兴趣，建构初步的数概念，并学习用简单的数学方法解决生活和游戏中某些简单的问题。	2. 能通过一一对应的方法比较两组物体的多少。 3. 能手口一致地点数5个以内的物体，并能说出总数。能按数取物。 4. 能用数词描述事物或动作。如我有4本图书。 **4—5岁** 1. 能感知和区分物体的粗细、厚薄、轻重等量方面的特点，并能用相应的词语描述。 2. 能通过数数比较两组物体的多少。 3. 能通过实际操作理解数与数之间的关系，如5比4多1，2和3合在一起是5。 4. 会用数词描述事物的排列顺序和位置。 **5—6岁** 1. 初步理解量的相对性。 2. 借助于实际情境和操作（如合并或拿取）理解"加"和"减"的实际意义。 3. 能通过实物操作或其他方法进行10以内的加减运算。 4. 能用简单的记录表、统计图等表示简单的数量关系。 **目标3 感知形状与空间关系** **3—4岁** 1. 能注意物体较明显的形状特征，并能用自己的语言描述。 2. 能感知物体基本的空间位置与方位，理解上下、前后、里外等方位词。 **4—5岁** 1. 能感知物体的形体结构特征，画出或拼搭出该物体的造型。	2. 认识10以内的数。 3. 在进行分类记数的活动中，根据物体的特征观察、体验同一事物中所包含的不同数量关系。 4. 认识常见的平面和立体的几何图形。 5. 学习比较高矮、粗细、厚薄、轻重、宽窄等。 **5—6岁** 1. 学习书写1—10的数字。 2. 学习10以内的加减。 3. 运用观察、分析、比较、类推和迁移等方法进行数的学习，解决简单的加减运算问题；归纳和概括物体的数量关系及数的运算经验。 4. 观察、比较几何图形之间的相同点和不同点，概括同类图形的共同特征，区分不同的图形。

续表

《纲要》中的目标	《指南》中的目标	我园的目标
（三）指导要点 1. 幼儿的科学教育是科学启蒙教育，重在激发幼儿的认识兴趣和探究欲望。 2. 要尽量创造条件让幼儿实际参加探究活动，使他们感受科学探究的过程和方法，体验发现的乐趣。 3. 科学教育应密切联系幼儿的实际生活进行，利用身边的事物与现象作为科学探索的对象。	2. 能感知和发现常见几何图形的基本特征，并能进行分类。 3. 能使用上下、前后、里外、中间、旁边等方位词描述物体的位置和运动方向。 5—6岁 1. 能用常见的几何形体有创意地拼搭和画出物体的造型。 2. 能按语言指示或根据简单示意图正确取放物品。 3. 能辨别自己的左右。	5. 体验平面图形之间、平面图形与立体图形之间的关系，促进空间想象力的发展。 6. 学习等分实物或图形，体验整体与部分的关系。 7. 学习自然测量，感受量的守恒。

三、关键经验及思维导图

数学区的关键经验有的是培养幼儿对数学的兴趣，有的是发展幼儿数学方面的能力，有的是让幼儿习得相关的数学知识。归纳总结出幼儿在数学区里可以获得的关键经验，可以更好地创设适合幼儿发展的数学区环境，并设计开发可供其操作的材料，为其在数学区的探索及学习做好准备并打好基础。

（一）关键经验

◆ 尝试解决生活中遇到的数学问题，体会数学的重要和有趣。

◆ 能够对物体的各种属性（大小、长短、粗细等）进行比较。

◆ 感知和理解事物的数量关系（多少、分类、排序）。

◆ 从不同的空间视角描述物体的空间位置、方向和距离。

(二) 思维导图

我们认为大、中、小班幼儿的数学学习仍然以具体形象思维为主，因此，在区域目标和内容的设置中，教师应按照《纲要》中提出的"帮助幼儿认识和理解事物的形状和数量关系，形成初步的数概念"的教育要求，在活动设计及材料投放中注重引导幼儿通过直接感知、亲身体验和实际操作来开展学习，帮助幼儿积累更多的经验。

幼儿数学区的学习，以激发幼儿的探究兴趣、引导幼儿体验探究过程、促使幼儿发展初步的探究能力为主要目标。教师会根据不同活动内容设计并投放相关的操作材料，以不同的游戏情境来激发幼儿探究的欲望，鼓励幼儿通过观察、比较、操作、实验等不同的学习方式初步感知生活中数学的有用和有趣，感知和理解数、量及数量关系、形状与空间关系，逐步发展数理逻辑思维能力。教师在设置数学区时，应遵循幼儿学习数学的规律和需要，以发展幼儿的数、量、恒、时间、空间能力为基本线索，由浅入深、由易到难、由简单到丰富递进。数学区思维导图如下（见图1-1）：

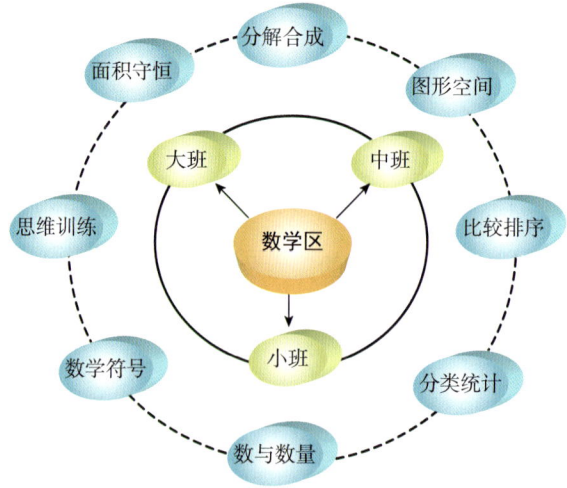

图1-1 数学区思维导图

第二节 数学区环境

幼儿的数学学习具有较强的逻辑性与系统性,它有着与别的学科不同的学习特点和学习规律。良好的学习环境既能满足幼儿开展探索活动的需求,也能促进幼儿形成良好的学习品质。教师应根据数学学科特征以及幼儿学习数学的特点,精心设计科学、合理的数学区环境,优化并提升数学区的环境功能,尽可能地为幼儿提供多感官学习的条件,努力使有限的活动空间发挥最大的作用。

一、数学区环境的特点

教师应根据幼儿园对数学区教育目标的设定,综合班级幼儿的年龄特征、整体发展需要及个体差异等多方面的情况,合理地利用班级空间条件创设科学、适宜、宽松、和谐的数学区环境。教师可以从数学区的环境特点、环境中物品的摆放、环境中的标识与作用等多方面进行思考与策划。

(一)提供独立的空间,保证活动过程中思维的完整性

数学区的探索活动需要幼儿的多种经验与能力的支持,这些经验有幼儿以往积累的经验,也有幼儿在操作过程中获取的新经验,幼儿在运用这些经验的过程中,能较好地提升其比较、推理、判断、选择等多方面的能力。这些需要有相对安静的环境,以保证幼儿在材料的操作和探索过程中思维的连续性及完整性。综上所述,教师应在教室中分割出一块相对独立、封闭、安静且比较宽敞的空间作为数学区,以便于幼儿摆放材料、操作材料、独立思考,同时满足小组学习和互动交流的需要。为了减少干扰,数学区尽量不

要与美工区、生活区等较吵闹的区域为邻，避免相互影响、破坏幼儿思维活动的完整性。

（二）根据幼儿的发展，把握区域设置的开放程度

不同年龄的幼儿在年龄特点、学习能力、学习需求、自我控制、学习习惯等方面有较大的差异。在数学区的环境创设中，应该根据幼儿的年龄特点，使区域空间呈现不同的开放程度或封闭程度。应通过空间的开放让幼儿享受活动中的轻松气氛，同时也通过空间的围合降低活动场地的喧嚣，为此，教师对区域空间的开放或封闭会提出不同的要求。

考虑到小班幼儿专注力不高、意志力不强、需求和问题较多、容易受到周围环境的干扰、安全感不强、需要在教师的帮助下解决困难等因素，小班数学区的活动需要在较为封闭的空间里进行。在小班数学区的环境创设中，教师会用3～4个活动柜围合出一个相对独立的封闭式环境（见图1-2），让幼儿能够在安静的环境中，在教师的视线范围内进行探究。这样既能使幼儿做到不妨碍别人的活动，也能保证自己的学习不被干扰。

图1-2　封闭式学习环境

相比小班幼儿来说，中班幼儿各方面的能力都明显增强，其自我控制能力有所进步，有了一定的规则意识，需求和问题也相对减少，但是他们在困难面前表现出想独立解决但能力和自信心又不足等特点。中班数学区的环境创设充分考虑到以上种种因素，用柜子等隔断物将活动区域围合成一个半封闭式空间（见图1-3），

图1-3　半封闭式学习环境

这种方式既体现出教师对幼儿的尊重和信任，又能在幼儿需要时及时提供帮助。

进入大班，幼儿的活动经验丰富了很多，他们能够较好地规划自己的学习活动、控制自身行为，他们的求知欲和动手能力有了很大的提高，他们喜欢与同伴相互学习、共同探究，能够在遇到困难时寻求同伴的帮助。在大班的数学区环境创设中，教师应该充分相信幼儿，

图 1-4　开放式学习环境

为其提供自由交往、共同学习的开放式学习空间（见图1-4），让幼儿在独立、开放、自由的环境中学会自我管理、主动学习。

区域位置的安排应该综观各区域对环境的不同要求来统筹规划，功能上关系较密切的区域相邻或相对，主动和主静的区域分开。相对安静的数学区、益智区、阅读区与相对热闹的角色区、建构区、表演区最好隔开一定的距离。这样做的出发点是促进幼儿的有效参与，支持幼儿在区域中自由、自主地探究，引发幼儿深层次的学习。

（三）依据教育目标，统筹规划材料的摆放

数学知识具有学科性强、线索及层次清晰等特点，因此在创设数学区环境时对操作材料有相对较高的要求。数学区投放的操作材料应涵盖学前儿童初步数学认知能力发展的内容，包括数、几何形体、量与测量、空间方位、时间概念等几方面的知识。而数的方面又分为：数前学习——感知集合，数的学习——数概念、10以内数的关系、10以内数的运算等。要使区域材料呈现科学、清晰、一目了然的特点，教师首先要科学、严谨地了解和掌握数学领域的知识要点，根据《纲要》和《指南》的要求，制定满足幼儿发展水平与兴趣需要的数学区域活动目标，再根据目标确定材料所要表现的内容，并合理地设计、

图 1-5　相关材料集中摆放

制作适宜且匹配的材料。将材料摆放到区域里时，教师要再次厘清材料线索，将同一大目标下的材料相对集中地摆放与呈现（见图1-5），这种分门别类摆放的形式能更好地凸显材料所要呈现的学习内容，以帮助幼儿在开展区域活动时更好地观察和选择材料，并通过探索与研究来学习、理解和运用数学知识。如果数学区有若干个柜子，那么教师可以将有关数的学习材料集中在某一两个柜子中，将有关几何形体方面的学习材料集中在一个柜子中，将量与时间方面的学习材料再集中在一个柜子中……这种创设环境的方式既便于幼儿寻找材料，也便于教师观察、引导、评价幼儿，并及时地调整材料。

二、数学区物品的摆放

（一）选择适宜的活动柜

柜子的选择对于把握数学区的区域空间开放或封闭程度很关键。柜子不仅要安全稳固、经济实用，更要轻便可挪动、灵活可变化。活动柜应满足以下三方面的要求。

首先，活动柜的外形（高矮、宽窄、大小等）应该符合幼儿的身高，以便于幼儿取放和使用物品；柜子内各个层架应该在幼儿的视线范围之内，层架的间隔要适宜，要适合摆放各种托盘和容器等。适合中、大班幼儿的长柜参考尺寸为152厘米×31厘米×80厘米，短柜参考尺寸为76厘米×31厘米×80厘米，展示架参考尺寸为44厘米×30厘米×90厘米；小班幼儿的个子小，为他们选择的柜子相对中、大班来说要短一点和矮一些，长柜参考尺寸为121厘米×30厘米×75厘米。

其次，数学区的活动柜应该符合该区的特点。因数学区材料较多，每一份材料都由 2~3 个载体组成，为了让幼儿有耳目一新的感觉，应突出每一个托盘内的主体材料。在数学区中，一般选择浅色系的活动柜，这样视觉上使人觉得舒适、清爽，避免了因材料多而让人感到眼花缭乱（见图 1-6）。

最后，活动柜的安全性能、方便清洁也非常重要。活动柜应该选择无毒、无安全隐患、严格按照国家相关教玩具安全规定生产的，方便教师定期消毒清洁的材料，通常采用实木、塑料和金属材料，以实木材质的居多。

图 1-6　数学区适宜活动柜

（二）桌椅与操作毯使用得当

在数学区为幼儿提供适宜的桌椅，不仅能够使幼儿保持良好的坐姿，还能提高幼儿学习的效率。教师应该充分考虑安全因素及幼儿的年龄特点，根据幼儿的身心发展水平以及本年龄段的学习特点来为幼儿选择桌子和操作毯。在选择桌子时，应该考量桌子的材质是否安全、无毒，桌子的表面是否光滑、平整，桌子的高度、大小与椅子是否匹配，等等；在选择操作毯时，要从操作毯的材质是否环保、软硬度是否合适、面积是否适宜等方面考虑。

在设置小班数学区环境时，考虑到幼儿个子小、动作发展不协调、精细动作较弱等情况，一般为幼儿提供桌椅（见图 1-7），让幼儿将材料放在桌子上开展操作活动。应保证进区活动的幼儿都有固定的位置，提供的桌子和椅子都要矮一点，以便幼儿在操作中能够保持良好的坐姿，因为在小班的数学区细小材料较多，不方便整理，所以教师不宜在小班数学区提供操作毯。

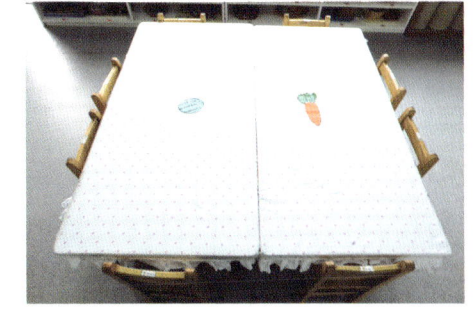

图 1-7　小班幼儿操作台

图 1-8　中班幼儿操作台和操作毯

进入中班，幼儿各方面的能力都有所增强，区域活动的规则意识也逐渐形成，教师宜对中班数学区的操作台进行调整，在保留一张桌子的基础上，规划出摆放操作毯的位置（见图1-8）。这样，在数学区开展操作活动的幼儿，可以根据材料的特性，自主选择更方便操作的桌子或者地毯作为操作台，保证活动的有效开展。

图 1-9　大班幼儿的操作毯

随着自主学习能力的不断增强，大班幼儿的规则意识、自控能力都有了明显的提高，教师在数学区提供的操作材料也更复杂，幼儿在操作材料时出现了多人合作探究的情况。考虑到材料、人数等方面的因素，大班通常都会用操作毯（见图1-9），这样，当幼儿操作一些复杂的活动材料时，能够方便地自由拼接地毯，扩大操作范围。

（三）科学摆放各类辅助文具

在数学区的活动中，有很多内容都是与操作、书写、记录有关的，教师需要提供一些公用的文具供幼儿选用，如铅笔、橡皮、剪刀、胶水、订书机、回形针、小夹子、小垫板等。教师要考虑到教学目标和幼儿的兴趣爱好、学习特点、年龄特征、能力发展水平等各方面的因素，科学摆放各类辅助文具，针对不同年龄段幼儿的辅助文具的投放和摆放应该有所区别。

考虑到小班幼儿年龄小、小肌肉动作发展不完善、动作比较缓慢、秩序感不强等特点，教师应尽量把相关的彩色笔、剪刀、胶水、盛放垃圾的小碗都投放到托盘中（见图1-10）。应尽量提供大的粗头彩色笔，以方便幼儿抓握；为幼儿提供的剪刀应该考虑安全方面的要求，尽量选择具有防护作用的儿童安全剪刀；另外，考虑到小班幼儿的手握力不够，掌握不好

图 1-10　小班辅助材料摆放

挤胶水的力度，教师应尽量为幼儿提供固体胶。注意这些小细节能让幼儿在短时间内尽快完成记录，充分享受成功的快乐。

中班幼儿的动手动脑能力都有所增强，再加上有了小班一年的区域活动经验，他们的区域规则意识、秩序感都有所提高，教师在投放各类辅助材料时，应把之前在小班分散提供的文具抽出来，用笔筒、小盒子装好，统一放在柜面上固定的位置，作为大家公用的材料（见图1-11）。中班幼儿数学区的活动会涉及书写数字，宜为幼儿提供比正常铅笔稍微粗一些的"三角形彩色铅笔"。这种三角铅笔能帮助幼儿较快地掌握握笔姿势。另外，在小班的基础上，中班的辅助材料添加了卷笔刀、橡皮及手工剪刀。

图 1-11　中班辅助材料摆放

大班是幼儿的学习习惯和任务意识养成的关键期。随着大班幼儿求知欲望、合作意识、规则意识的增强，在投放数学区材料时应充分考虑以上因素，数学区的大部分活动都配有相应的记录单，需要幼儿在写写画画中完成。大班幼儿动作灵活，手指的小肌肉快速发育，已经能够自如地控制手腕，教师在投放辅助材料时，应充分考虑到使用频率、具体数量、用途等因素，因此，在柜面上会出现与彩色铅笔同样标记的笔筒，每个笔筒里装有一定数量的彩

图 1-12　大班辅助材料摆放

色铅笔（见图 1-12）。铅笔同样是三角形的，但是会比中班的铅笔小一些，与小学使用的铅笔大小一致。考虑到幼小衔接，在投放辅助材料时，教师会配置相应的握笔器、橡皮、卷笔刀、学生剪刀和液体胶水、尺子等，并按照小学的要求对幼儿进行收拾文具的常规培养。

三、数学区中的标识

在数学区，为了培养幼儿建立良好的区域活动常规、养成良好的有序摆放物品的习惯，教师通常会设计不同的标识，以划分区域环境的布局，这些标识会出现在活动柜、托盘、桌子、操作毯以及地板上。区域活动的规则蕴含在各种标识当中，幼儿在进入数学区后能得到相应的刺激与暗示，明白区域活动中要遵守的规则，在潜移默化中培养规则意识和自我管理能力。

（一）各年龄段数学区标记的特点

图 1-13　小班数学区标记

小班幼儿对生活中不同的形状都很感兴趣，能正确地辨认出圆形、正方形、三角形以及长方形、半圆形、椭圆形和梯形，且能逐步理解平面图形的基本特征；对平面图形的组合拼搭活动表现出较大的兴趣及一定的创造性，能做到图形守恒，不受图形大小、摆放位置的影响等。教师以此为依据,以《指南》中提出的"能够初步感知生活中数学的有用和有趣"为目标,以不同的几何形状为主线,设计出符合小班幼儿年龄特点和学习特征的数学区标记(见图 1-13),并将标记张贴在明显的位置,这样能够帮助幼儿了解数学区的功能,并快速找到具体位置。

中班幼儿处于在数字和物体数量间建立联系的阶段,这一阶段的幼儿已在较低水平上形成数的概念,在学习数学的过程中,不仅能够点数实物、说出总数,还能够分辨大小、多少、一样多。因此,中班的数学区标记应以数字为主,在标记牌上写上1—10的数字(见图1-14),幼儿好记好认,达到《指南》中提出的"感知和体会有些事物可以用数来描述,对环境中各种数字的含义有进一步探究的兴趣"这一要求。

图 1-14　中班数学区标记

在学习数学的过程中,随着数群概念的发展,大班幼儿的思维具有了一定的抽象性和逻辑性,不仅能借助于实际情境和操作(如合并或拿取)理解"加"和"减"的实际意义,运用数的组成知识进行加减运算,而且能够运用教师为其提供的数学区材料,在游戏中对乘除法产生探索的兴趣,还能够快速比较出物体数量的多少和数字的大小。因此,大班数学区标记宜围绕数学的各种符号来设计,标记中体现加减乘除、大于小于号,以充分体现出大班数学区的特色和学习要求(见图1-15)。

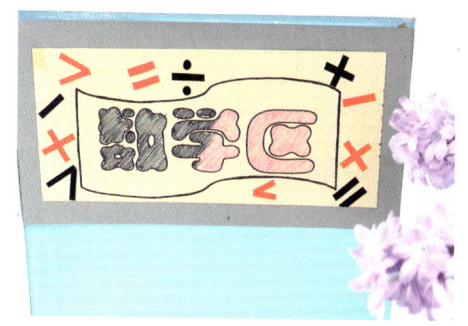

图 1-15　大班数学区标记

(二) 各年龄段数学区材料标记的作用

在数学区，教师会以标记为媒介，设计出各种符合区域特征且幼儿看得懂的标记。标记图简单易懂、指向准确，既与环境创设遥相呼应，又能与幼儿"交流""互动"，可使幼儿从较多地接受外部暗示转为形成自主倾向，更容易接受和理解规则，促进数学区域活动顺利、有效地开展。

教师应该根据幼儿的年龄特点和学习能力，设计出不同年龄段的幼儿能快速辨别的数学区材料标记。

图 1-16 小班数学区材料标记

小班幼儿的思维方式具有直观性和具体形象性，比较容易记住自己感兴趣、印象鲜明的事物。因此，教师通常选用一些来自生活的、幼儿喜欢的、简单易记的标记，如购买一些立体凸起的卡通贴纸，绘出简单的动植物、水果蔬菜的简笔画（见图 1-16），这样让幼儿容易记忆、方便取放。

中班幼儿的规则意识初步形成，有了初步的概括分类能力，在为中班幼儿设计数学区材料标记时，教师可以选用几何图形、20 以内的数字等素材，将几何图形和数字粘贴到有颜色的底板上，以区分不同的数学区活动材料（见图 1-17）。这种带有明显区域特征的标记设计，能够帮助幼儿学会对事物进行分类，同时标记也会发挥隐性教育作用。

图 1-17 中班数学区材料标记

随着年龄的增长，大班幼儿的抽象逻辑思维开始萌芽，他们喜欢用分类、比较、推理等不同方式探索事物的规律，对数学符号也表现出了极大的兴趣，因此，在设计大班数学区材料标记时，教师大多会选用抽象的数学符号或者数字。将标记用正规的字体打印出来，配以不同颜色的底板，粘贴到盛有材料的数学区托盘里（见图1–18）。数字和数学符号标记的使用，能够帮助幼儿提升认知方面的经验，为幼儿的探究性学习提供帮助。

图 1–18　大班数学区材料标记

第三节　数学区材料

数学区是教师根据幼儿园教育目标和幼儿的数学发展水平而创设的活动区域，教师有目的、有计划地创设数学区学习环境，投放适宜的操作材料，供幼儿直接感知、亲身体验和实际操作，以满足幼儿自由探索数学学习材料的需要。

在数学区域活动中，教师为幼儿提供的操作材料是否适宜，与幼儿的学习兴趣、探究能力的提升有着直接的关系。教师要科学合理地提供符合幼儿能力水平及个体差异的数学操作材料，以达到《指南》中提出的"要充分理解和尊重幼儿发展进程中的个别差异，支持和引导他们从原有水平向更高水平发展"这一要求。

一、数学区材料特点

在班级数学区中，幼儿有很多学习数学概念与技能的机会，这些机会都源于幼儿与数学区材料的互动。数学区的材料包括支持数字和运算标准的材料、发展几何与空间意识的材料、比较及测量工具以及发展认知和代数能力的材料,等等。所有材料都应具有逻辑性、可操作性、引导性、层次性和丰富性。

(一)材料线索的逻辑性

幼儿园的数学区是一个有机的整体,它以有序的区域材料组织起学习系统。数学区材料应具有缜密的逻辑性和明确的目标线索。数学区的目标,从纵向的角度来看,一般可以分为总目标、年龄阶段目标、数学教育活动目标三个层级;从横向的角度来看,一般可以分为认知目标、情感与态度目标、操作技能目标三类。数学区的内容包括数与数量、数学符号、分类统计、训练思维、比较排序、图形空间、分解合成、面积守恒等几大类别,在每个类别中教师制定出相应的总目标、年龄阶段目标、教育活动目标,并根据不同的目标开发出适宜幼儿操作的若干份材料,实现区域内容的严谨性和逻辑性。

我们以小班上学期数学区材料橱的内容为例(见表1-2)。

表1-2 小班数学区材料橱

第一橱				
层级	活动材料			
第一层	红蓝棒	砂纸数字板	苹果树	插花
第二层	数字与筹码	印水果	数字小书	数字相框
第三层	数字与方块	5以内彩色串珠	数物连线	数物盖印章
第四层	数字叠叠高	数字嵌板	纺锤棒箱	数字小火车
第二橱				
层级	活动材料			
第一层	可爱的毛毛虫	拼猫头鹰	数字转盘	点物摆数字
第二层	数字架	彩色串珠(1—10)	串珠塔	喜洋洋游戏
第三层	数数看有几个	数字裙	点与数字	认识几何图形
第四层	涂画形状	20以内数字嵌板	数数小动物	动物迷宫

从表 1-2 中可以看出，小班上学期的数学区一共投放了 32 份不同的操作材料，都是围绕《纲要》提出的"能从生活和游戏中感受事物的数量关系并体验到数学的重要和有趣"这一要求开发出来的。每一份材料都能体现小班上学期幼儿的近期发展目标，并具有很强的目标指向性。如，第一橱中全部是关于"数"与"量"的操作材料：认识"1"和"许多"及其关系；学习用一一对应的方法比较两组物体的数量，感知多少；学习比较两组物体数量的一样多；学习手口一致地从左到右点数 5 个以内的实物，能说出总数，能按实物范例和指定的数目取出相应数量的物体等。在第二橱的材料柜中，教师加入了对"形"的认识，引导幼儿注意周围环境中物体的形状，材料包含学习按物体的一个特征进行分类及认识圆形、正方形、三角形等。

小班数学区材料橱的实例证明，科学投放数学区材料不仅可帮助幼儿系统地建构数学知识、诱导幼儿主动探索学习，而且可以引导幼儿学习数学知识，发展其思维能力。

（二）材料投放的可操作性

数学区材料是为实现数学教育目标服务的，每一份材料都涵盖明确的目标，教师引导幼儿参与学习与操作，以"操作性学习"为途径完成教学的最终目标。数学区材料的可操作特性是其最核心的特点，儿童通过操作激发起学习的主动性、积极性以及创造性，并建构自己的知识体系。操作性材料可使幼儿获得个性化发展。我们认为，幼儿随意的摆弄并不能真正促进其思维发展。因此，数学区应以在操作时有一定步骤、规则和方法的高结构性操作材料为主。幼儿在与材料互动的过程中按照相应步骤、规则和方法正确操作，操作材料的结果会比较一致。我们以中班数学区材料"钓一钓"为例（见图 1-19 和图 1-20）。

 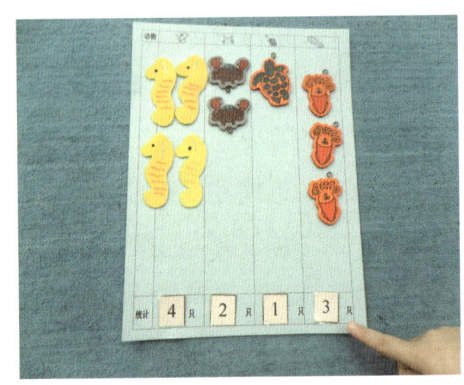

图 1-19 "钓一钓"完整材料构成　　图 1-20 操作结果呈现

这是中班数学区的一份操作材料,要求幼儿根据物体的不同特征进行分类、统计,尝试用表格记录统计结果。幼儿在操作时,需要先把彩色木板拼成一个小池塘的形状,然后把喜欢的水生动物放进"池塘"中,再用有磁性的钓鱼竿钓起池塘里的动物,并且把钓上来的动物对应统计表上的标志,分类摆放在相应的空格内并点数,根据统计的数量,把相应的数字卡片摆放在表格下方,最后说出动物的总数。幼儿需要按照先后步骤一步步地操作完成,在操作的过程中需遵循一定的规则,按要求完成任务,如将动物按照标记分类摆放、点数、正确摆放相应的数字、说出动物的总数,等等。在数学区,高结构性材料能帮助幼儿自我学习,达到良好的教育效果。

(三) 材料自身的引导性

"材料是幼儿的另一位老师",幼儿操作性学习的过程,是幼儿自主地与材料互动的过程。幼儿在与材料的互动中,通过直接感知进行探索并获得数学经验。在幼儿操作材料的过程中,教师不应过多地说教,而应在区域中为幼儿提供具有引导性的操作材料,以材料引导幼儿做出"成品"。材料的引导性是体现数学教学的教育性和科学性的重要因素。教师在材料开发时一定要有明确的教育目标,充分考虑班级幼儿的实际能力、数学区材料之间的关联以及材料所提供的线索对幼儿的启示等,通过巧妙的设计,将教育指导融入材料中，通过幼儿与材料的互动实现教育目标。如果我们只强调活动区材料的可操作性，而忽视材料的引导性，在提供材料时就会目标不清晰，材料投放的随意性强，忽视了材料对幼儿发展的作用，所以说，只有具有引导性的材料才能保证教育目标的实现。我们以小班数学区材料"插花"为例（见图1-21和图1-22）。

图 1-21 "插花"完整材料构成

图 1-22 操作步骤之一

这是一份小班数学区的材料，知识目标是让幼儿感知5以内的数与量的对应关系，会手口一致地点数和说出总数。教师希望通过这份材料在提高幼儿数数能力的同时帮助其理解数字的含义。教师在开发材料时用了5种不同颜色的花瓶，在每一个花瓶上贴上1—5的不同数字；还用了5种与花瓶颜色一样的小花，每一种颜色的花的数量分别对应于1—5中的不同数字。幼儿在操作时先将花瓶按数字1—5的顺序排列整齐，再点数花朵的数量，将相应数量的花朵按照花瓶上标记的数量一一对应地摆放在花瓶下方，再将花插放在相应的花瓶中，这时，幼儿会惊奇地发现每一枝花对应的花瓶颜色也一样。花与花瓶的颜色一致有助于幼儿完成自我检查。

教师投放的这份材料有两个具有引导性的地方：第一，花瓶有5种颜色，花也有5种颜色，两者的颜色是一致的；第二，花瓶上的数字是1—5，花朵的数量也是1—5，数字与数量之间也有联系。在操作的过程中，幼儿借助于材料的暗示，边观察、边思考，在不断探索中完成操作。因此，活动中对幼儿

的引导不是教师的指点，更不是教师代替幼儿操作，而是将指引融入材料中，引领幼儿自主学习、主动探索，幼儿只要按照线索进行操作即可，这就是常说的材料引导在幼儿操作中的"领航员"作用。

（四）材料目标的层次性

美国教育家布鲁纳曾说过："教育对象是在利用教师提供的材料中进行学习的，教师提供的材料，必须尊重幼儿在心理发展上的不同速率。"幼儿在发展过程中不仅呈现出年龄差异，而且呈现出个体差异，因此教师在提供材料时，应提供有层次性的材料，以满足幼儿不同的心理发展需求。材料的层次性是指教师在投放材料时一定要了解幼儿的发展经验，遵循幼儿的差异性，照顾幼儿的智力差异，为幼儿提供不同层次、不同程度的材料，充分发挥他们的潜力，从而使每个幼儿都能体验到成功的快乐。

数学区材料的层次性主要表现在三个方面：

一是针对不同年龄幼儿的材料的层次性，根据不同年龄幼儿的发展速度，细分为多个小层次。由于小班幼儿的经验和想象力不足，为其提供的材料要生活化、情境化，趣味性强一些；到了中班，可以适当提供一些再创造的半成品材料，激发幼儿探究与创作的欲望；大班幼儿的数学区材料更加凸显知识体系，在材料的提供上更倾向于半成品，这有利于发展幼儿的想象力和创造力。

二是同一活动不同材料的层次性。同一年龄段的幼儿各方面能力的发展水平不一，对材料的要求也不一样。为了便于幼儿根据自身发展的需要选择相应的活动，针对同一个年龄段的幼儿也应提供不同的材料，如在中班学习认识10以内数量的内容时，教师提供了以下四份不同层次的材料：数与量的连线、看数量印点点、看数量印数字、看数量写数字。这四份材料虽然目标相同，但是从连线—印点点—印数字—写数字来看，材料的层次性明显，对幼儿的要求也逐渐提高，既可满足幼儿的一般发展需要，又可满足特殊幼儿的发展需要，让需要、兴趣、能力不同的幼儿自主地参与活动。

三是同一区域材料的层次性。教师在选择投放数学区操作材料时，应考虑由易到难，力求将最近的教育目标与材料的功能较确切地对应起来，适宜、适时地投放那些对幼儿现阶段的发展最有促进作用的操作材料。下面我们以中班数学区"认识数量"材料投放线索为例（见表1-3）。

表1-3 中班数学区"认识数量"材料投放线索（部分）

年龄	内容	分类目标	学科目标	对应工作材料
中班	认识数与量	●学习书写1—10的数字。 ●认识10以内的数（包括10以内的基数、序数及数的组成）。 ●在进行分类记数的活动中，根据物体的特征引导幼儿观察、体验同一事物中包含的不同数量关系。	●认识1—10的数字，理解数字的含义。	1. 书写数字 2. 9的危机 3. 10以内数字接龙 4. 有序红蓝棒 5. 纺锤棒箱
			●学习用数字表示物体的数量。	1. 数字与筹码 2. 按数字涂颜色 3. 按点涂颜色
			●学习目测数群；学习不受物体空间排列形式和物体大小等外部因素的干扰，正确判断10以内的数量。	1. 松紧排队 2. 舀小珠子
			●感知和体验10以内自然数列中相邻两数的数差关系。	1. 智力活动卡 2. 晾裙子
			●理解符号"＝""≠"所表示的意思，学习用符号表示两个集合之间的数量关系。	1. 舀珠子 2. 相等和不相等 3. 怎样相等

从表1-3呈现出来的内容可以看出，要使幼儿习得一个知识点，教师在投放材料的过程中，首先应将大目标分解成若干个小目标，充分体现目标的层次性；然后根据分解后的小目标设计、投放相应的操作材料，使每一个目标都有对应的多份材料支持。随着活动目标要求的逐步提高，分期分批地投放操作材料，以不断吸引孩子主动地参与活动，在有新鲜感的同时满足他们的学习欲望。

(五)材料内容的丰富性

区域材料是对区域活动的物质支持,在一个区域中,材料投放是否得当、是否多样化,材料的数量是否充足,对幼儿的发展起着决定性作用。多元智能理论认为"不同个体拥有不同的优势智力领域,具有不同的工作风格",在区域活动中为了满足不同幼儿的发展需求,教师应该投放具有多样性和丰富性的材料,并能根据教育目标的变化和幼儿能力的变化不断增加、调整、变换、改变材料。丰富的材料能够带给幼儿强烈的感官刺激,同时激发幼儿探索的欲望和兴趣。

数学区材料的丰富性主要体现在区域操作材料中种类的多样及材料数量是否充足两个方面。幼儿只有在与众多材料的相互作用过程中才能充分运用自身的各种感官,看看、做做、试试、比比、想想,提升思维能力,理解事物的多样性。因此,在数学区投放丰富多样的区域材料,能够保证幼儿在操作过程中各个领域的全面发展。如:在数学区除了保留一部分经典的蒙台梭利学具以外,教师还可开发出大量具有趣味性、生活性、科学性、适宜性的区域材料,随着幼儿能力的提高,为区域中的大部分材料配上相应的记录纸及文具,让幼儿通过书写、绘画、盖印、剪贴等多种形式记录自己与材料互动的探索结果。幼儿在与材料的互动中,不断有所发现、有所进步、有所提高和发展。

一位心理学家曾经说过,"多变的刺激容易引起幼儿的注意"。在数学区,为了满足多数幼儿自由选择的需要,保证幼儿的操作活动顺利进行,投放的材料不仅要种类多样,更要数量充足,在足够多的材料中进行选择,能够使幼儿按照自己的意愿添加和改变操作材料,以满足其好奇心和认知兴趣。

以下以数学区"感知和理解数、量及数量关系"的总目标、幼儿各年龄段目标、落实目标区域材料为例(见表1-4)。

表 1-4　各级目标对照表

总目标	幼儿各年龄段目标	落实目标区域材料
1. 初步理解事物的数量关系，形成初步的数概念。 2. 能用比较、分类、测量等简单方法探究事物。	小班： 1. 能感知和区分物体的大小、多少、高矮、长短等量方面的特点，并能用相应的词表示。 2. 能以一一对应的方法比较两组物体的多少。 3. 能手口一致地点数 5 个以内的物体，并能说出总数。能按数取物。 4. 能用数词描述事物或动作。	1. 苹果树 2. 粉红小猪排队 3. 盖水果 4. 数字与筹码 5. 彩色串珠 6. 红蓝棒游戏 7. 可爱的毛毛虫 8. 数字小火车 9. ……
	中班： 1. 能通过数数比较两组物体的多少。 2. 能通过实际操作理解数与数之间的关系。 3. 会用数词描述事物的排列顺序和位置。	1. 比比谁的多 2. 数字小屋 3. 数字船 4. 猫头鹰游戏 5. 相邻数游戏 6. 比大小 7. 分小熊 8. 挂串珠 9. ……
	大班： 1. 初步理解量的相对性。 2. 借助于实际情境和操作，理解"加"和"减"的实际意义。 3. 能通过实物操作或其他方法进行 10 以内的加减运算。 4. 能用简单的记录表、统计图等表示简单的数量关系。	1. 数字接龙 2. 合起来是多少 3. 龟兔赛跑 4. 少了几个 5. 看电影 6. 购物游戏 7. 邮票游戏 8. 银行游戏 9. ……

在数学区"感知和理解数、量及数量关系"总目标中涵盖了点数数量、比较多少、图形、统计、加减运算、口编应用题等多方面的内容。教师根据总目标的内容及班级幼儿的发展情况，分解出适合本园幼儿发展的各年龄

段目标，再根据不同的年龄目标整理出相关的区域材料线索，开发出适宜的幼儿操作材料。投放的目标材料必须适应幼儿循序渐进的经验积累过程。

我们认为，数学区材料只有具备材料线索的逻辑性、材料投放的可操作性、材料自身的引导性、材料目标的层次性、材料内容的丰富性这五大特性，才能充分调动幼儿的积极性，让他们主动去认识环境，与环境互动，通过自主探索来获取知识，经过不断的摸索和尝试，积累各种经验、提高各种能力，最终实现自主性的发展。

二、数学区材料投放

在区域活动中，环境与幼儿始终共存，幼儿通过与环境的互动来实现自我探索、自我学习与自我发展。在区域活动环境中，对幼儿影响最大、与幼儿互动频率最高的就是环境中的材料。材料是区域活动的三大要素之一，也是"有准备的环境"中的核心要素。材料承载着各领域的教学内容，是幼儿建构知识的依托，幼儿需要通过不断地、主动地寻找并探索能促进其"最近发展区"的材料，来获取信息、积累经验和发展能力。提供适宜的材料是区域活动中教师应该具备的专业技能之一。不同年龄的幼儿因认知水平、能力发展、兴趣爱好、年龄大小等差异，所需要的材料也各不相同，教师应根据幼儿的需要，有目的、有计划地投放适宜的材料，并根据幼儿的发展和兴趣及时地调整、更新材料，使材料符合幼儿的需要，促使幼儿在区域活动中获得持续性的发展。

（一）把握幼儿的特点，设计有针对性的材料

数学这一学科的知识具有极强的系统性。数学主要是培养幼儿的逻辑能力，对于幼儿园里的幼儿来讲，数学可能是一门枯燥、抽象而单调的学科，教师在开发与设计数学区材料时，不仅要考虑数学自身的特点，还要遵循幼

儿学习数学的心理规律,尤其是尊重幼儿的学习与发展特点,从幼儿已有的生活经验出发,以富于情境性的材料,让他们在探索过程中激发数学意识、培养数学思维能力、提高数学理解与交流能力、发展运用数学知识解决问题的能力。

1. 设计有情境性的材料

为了避免数学材料单一与无趣,教师应让材料富有情境性。有情境性的探索材料使幼儿乐于去探索,并能更好地理解材料中蕴含的数学知识,提高数学理解能力。如数学区的"龟兔赛跑"材料(见图 1-23),为了让幼儿乐于探索,教师将中国传统故事中的龟兔角色运用到材料中,设计两个幼儿扔骰子走步数(见图 1-24)最终决出胜负的活动方式。赋予材料以角色及情境,提高了材料对幼儿的吸引力。

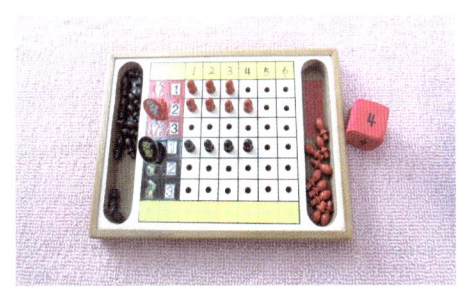
图 1-23　"龟兔赛跑"材料

图 1-24　幼儿合作操作材料

2. 设计操作性强的材料

材料的操作性包括材料的立体化程度、幼儿与材料的接触频率等多方面因素。如果数学区的材料操作性强一些,可以更好地吸引幼儿主动与材料互动,提高他们对数学的兴趣,激发他们的数学意识。如数学区"数字小火车"材料(见图 1-25 和图 1-26),其目标是让幼儿学会数字排序,如果在设计材料时只考虑知识方面的目标,将 1—9 的数字提供给幼儿让他们排序,那么枯燥的数字加上枯燥的材料就不利于激发幼儿探索材料的愿望。而选择立体的小数字,并以小火车车头、车厢的形式出现,就非常符合幼儿的年龄特点及兴趣偏好,极大地提高了材料对幼儿的吸引力,幼儿可在游戏的情境中完成探索，获得知识、提高能力。

图 1-25 "数字小火车"材料 1

图 1-26 "数字小火车"材料 2

3. 设计可实际运用的材料

数学区材料不仅要让幼儿掌握数学方面的知识，更应该给幼儿提供运用已获得的数学知识的机会，使幼儿在运用数学知识的过程中，将抽象的知识巧妙地转化为形象的事物，更好地理解和内化知识。在设计数学区材料时，教师还应该注意提升幼儿运用知识解决问题的能力。如：在设计测量的材料时，为了让幼儿从小学会运用身边的物品作为测量工具开展测量，教师设计了"测量日记本"的材料，用幼儿都认识的回形针、小牙签当测量工具（见图 1-27），来测量日记本的长和宽并进行记录（见图 1-28）。这种实用性测量可以让幼儿通过探索材料了解数学知识在生活中的具体运用，养成运用知识解决生活中的实际问题的习惯。

图 1-27 测量材料构成

图 1-28 测量日记本的长和宽

（二）数学区投放的材料应涵盖该学科所有必要的内容

幼儿园阶段，教师在数学区中除了要设计能培养幼儿对数学的兴趣、激发幼儿对周围环境中的数学现象的敏感性等的材料外，还要从数学这一学科本身的知识体系去整理集中材料。在幼儿阶段，这一方面的内容包括有关物体数量、形状以及时间、空间等方面的经验和知识。教师在投放材料时，应全面而综合地考虑这些问题，既使每份材料有自己的目标，又使其合成的整体数学区材料涵盖幼儿阶段数学学习各方面的内容。

1. 根据线索整理集中材料

教师在投放数学区材料之前，首先要梳理、整合数学区的所有材料，按《纲要》和《指南》科学领域对数学认知方面的要求，逐一将材料集中，并根据《纲要》和《指南》中数学认知的分类，将材料按线索分门别类地整理，保证材料的系统性、完整性。如：《指南》中，数学认知目标1是"初步感知生活中数学的有用和有趣"，其中3—4岁幼儿具体目标的第一条是"感知和发现周围物体的形状是多种多样的，对不同的形状感兴趣"。针对这一条，教师首先要筛选材料，将符合此目标的材料归入；如果发现材料不足，教师就要根据这一要求设计、制作相关的数学区材料，完善数学区的材料体系。

2. 分辨符合当前幼儿发展的区域材料

区域活动开展一段时间后，每个教师会积累很多数学区材料，但材料多、全并不一定适宜。教师在投放材料时，还要根据班级幼儿的当前发展情况及幼儿的实际需要，在数学区材料库中选择适合自己班级幼儿发展的材料，以提高材料的适宜性与科学性。如：某教师在小班开设数学区，如果他为了丰富班级材料，将"认识人民币""有趣的立方体"等材料也投放进去，就明显不符合班级幼儿的发展水平。

3. 分类合理地呈现材料

教师在数学区材料库中选择适宜的材料，投放到数学区活动柜中，不是随意地把材料全部放入，而是要根据分类标准将同一类材料放在一起，并且对同一类材料要分清层次。在数学区的材料柜中，有一条看不见的线索，每一份材料与它前面、后面的材料呈现递减和递增的关系，这样投放既能保证数学区材料的清晰度，也方便幼儿选择材料和教师观察幼儿在活动时对材料的选择。如：某教师在数学区投放了有关认识数字的系列材料，第一份是"1—10小火车"，第二份是"1—20小房子"，第三份是"1—30贪吃蛇"，投放时按难度依次摆放。这样幼儿在选择时就可根据自己的发展水平从左到右选择，如果某幼儿从未探索过这方面的材料，他就会选择左边的第一份材料。

（三）根据幼儿的发展及时调整材料

材料投放到区域环境中后并不是一成不变的，由于各种原因，在区域活动开展过程中，曾经适宜的材料可能会失去其原有的价值。要想幼儿在区域活动过程中通过探索获得新的有效的发展，教师就需要及时调整材料，以满足幼儿新的需求。

1. 调整原因

幼儿是在与材料的互动中获得身心发展的，因而材料的适宜性直接影响着幼儿操作材料的兴趣和主动性。幼儿的发展是动态变化的，幼儿的需求具有即时生成性的特点，有些材料因幼儿的不断操作而失去了原有的吸引力，部分材料还会出现破损及缺失，因此教师需要依据不同的情况及时地调整材料。

（1）幼儿发展水平的变化

在材料调整的原因中，出现频率最高的是幼儿发展水平的变化引起了新的需要。幼儿发展水平的变化又分为个别幼儿发展水平的变化和班级幼儿整体发展水平的变化两方面。

①个别幼儿发展水平的变化。《指南》中指出："每个幼儿在沿着相似进程发展的过程中，各自的发展速度和到达某一水平的时间不完全相同。要充分理解和尊重幼儿发展进程中的个别差异，支持和引导他们从原有水平向

更高水平发展。"在调整更新班级数学区材料时,教师最应关注的是班级每个幼儿的个性化发展,每天要观察、反思数学区的材料是否能支持每一个孩子的发展,是否有哪个孩子在数学领域"最近发展区"的发展无法通过数学区材料来促进。教师要让区域活动材料真正实现幼儿的差异化发展。

②班级幼儿整体发展水平的变化。在幼儿园阶段,幼儿的数学思维从具体形象思维慢慢地向抽象概括性思维发展,幼儿对物体数、形等的认识从最初的笼统感知,到能通过点数、对比的形式来清晰地区分物体的多少、大小、形状等。幼儿在数学方面的发展虽然存在个体差异,但其中仍然有一些普遍的规律,教师应该在区域活动中根据不同幼儿的活动情况,及时而敏锐地发现并总结这些特点,从而找到班级全体幼儿的发展水平线。如:在班级幼儿的前书写阶段,教师可以设计"拓印数字"的活动材料,拓印相对于写来说对幼儿小肌肉发展的要求要低很多,这样的材料更容易引起幼儿对书写的兴趣。当班级幼儿普遍能达到"拓印数字"的要求时,教师应该从中总结出规律并反思总结,为后续的活动及放置材料提供科学依据。

(2)幼儿产生了新的需求

材料调整的另一种原因是幼儿产生了新的需求。这种需求,有时是集体的共同需求,有时是某个幼儿的个性化需求。因需求人群的不同,教师在调整材料时采取的策略也应有所不同。

①班级产生了集体性需求。集体性需求是指班级的大多数幼儿因年龄的增长、某一主题的生成或某个偶发的事件而产生的共同需求,教师要在区域投放一定数量的相关材料,来满足幼儿的需要。如:某班角色区开设了超市,超市的货物买卖引起了幼儿对钱币的兴趣,他们有认识钱币的需求,也有换算钱币的需求,根据幼儿的新需求,教师可及时地在数学区投放"认识人民币""超市购物""钱币换算"等材料。

②幼儿产生了个性化需求。所谓个性化需求,是指班级中的少数或个别幼儿因某种原因而产生了新的需求。教师应判断这种需要的发展趋势,如果

这种个性化的需求在后续发展中会成为群体的共同需要，只是由某个孩子提前引发，那么教师就应该将这份材料列入数学区系列材料，作为班级幼儿后续发展的目标之一。而如果这个需求是这个幼儿特别的发展需求，其他幼儿有可能不会发展到那个阶段或那个方面，教师在设计投放材料时就应该考虑将材料投放到特别研究区，单独满足这个幼儿的需求。如：某幼儿在数学区完成"等分"的材料探索后，对物体的总数与部分之间的关系产生了兴趣，教师在特别研究区为他提供了"简易分数"的材料，满足了他个性化的需求，也使他的智力强项得到了更好的发展。

（3）幼儿兴趣点的改变

激发幼儿探索区域材料的关键要素，也是教师在调整材料时要首先关心的方面。班级幼儿对数学区材料的兴趣，有两种形式的表现：一种是班级幼儿对某一知识系列的材料有着浓厚的兴趣，大家普遍选择这一类材料，而其他内容的材料少有人问津；二是某一份材料出来时，幼儿非常有兴趣，但随着操作不断熟练，这份材料失去了原有的吸引力。当幼儿对材料的兴趣点改变时，教师应观察分析幼儿的行为，发现材料不能引起幼儿兴趣的真正原因，如果是个别材料的问题，就调整改变材料；如果属于群体问题，则需要整体分析材料的内容结构，从而提升材料的吸引力。如：某幼儿对数学区材料"点数记数"中的记录总数方式（用印章记录）没有兴趣，因而不愿意操作材料，教师根据她在美工区喜欢装饰画面的特点，将用印章按数字改成让她装饰空心数字，她很快就喜欢上了这份材料，并通过积极探索材料获得了数学能力的提升。

2. 调整策略

区域材料的调整可以分为随机性个别调整、季节性局部调整和阶段性分批调整，教师要依据原因有针对性地选择最适宜的方法。教师可在材料投放记录表（见表1-5）中记录材料调整的情况。

表 1-5　小班幼儿区域活动材料投放记录表

记录教师：

材料名称：

材料照片：

所属区域：

投入日期：

投入原因：

幼儿与材料互动的情况：

撤出日期：

撤出原因：

材料优点：

材料不足：

后期改进：

（1）随机性个别调整

随机性个别调整一般是指当个别幼儿的发展需求有了改变、某个幼儿的学习兴趣有了新的要求或个别材料不适宜时，教师顺应情况及时更新材料。随机性个别调整的原因有几种，教师在调整前首先要找准调整的原因，再根据原因开发设计出适宜的材料并投放，做到有的放矢。

如：虽然尚处在中班上学期，但某一幼儿的数概念发展得特别好，他能够清晰地理解并掌握"10以内数的合成"，但数学区目前呈现的材料已无法满足他的发展需求。教师发现情况后，应及时调整班级数学区材料，投放"10以内数的分解"材料、"加法"材料等后续材料，为该幼儿的后续发展提供及时的支持。

（2）季节性局部调整

相对于随机性个别调整，季节性局部调整的范围更为广泛，它可能是为了满足部分幼儿的需要，也有可能是为了满足全体幼儿的需要。它一般情况下是随季节的变化以及季节性主题活动的开展而产生的集体性新需求，也有可能是某一热点话题引发幼儿的群体共鸣而产生的新需求。教师应该敏感地抓住这些关键点，及时为幼儿设计、调整、投放新的材料，使幼儿的需求得到满足，并进一步激发他们探索更高层次知识的愿望与兴趣。

如：在"有趣的数字"主题活动中，对数字的兴趣引发了幼儿对数学的兴趣，教师陆续设计出"数字组合""单双数""相邻数"等系列数学区材料，并投放到数学区供幼儿操作与探索。

（3）阶段性分批调整

阶段性分批调整是指教师根据班级多数幼儿的发展变化，在某个阶段分批对局部材料及区域设置进行的调整。当班级幼儿的整体发展水平发生了变化时，就可以采用这一策略来分批调整与更换材料。

如：在幼儿的前书写阶段的起始阶段，教师会投放大量拓印数字、装饰数字、描写数字等的活动材料。但随着幼儿的书写能力提高，当全班幼儿的整体水平达到一定程度后，教师就可以用阶段性分批调整的方式更换前书写的材料。

数学区的三种区域材料调整方法并不是分段进行的，它们更多的时候是交替进行的，在开展数学区实践探索中，教师需要根据自己在活动中的观察，科学地分析并灵活地综合运用各种方法来动态地调整材料，既满足个别幼儿的差异性需要，也保证全体幼儿的共同发展需要。

三、数学区材料预览

在数学区材料预览表（见表1-6）中，我们以数学领域知识结构为导向，由易到难列举了48份材料（其中大、中、小班各16份），前一份材料是后一份材料的基础，后一份材料是前一份材料的延伸与拓展。在开展区域活动的过程中，教师一定要了解清楚材料线索，并在幼儿操作材料时，根据该线索在所有线索中的排序来判断幼儿的发展，并制订针对幼儿的后续成长计划，为幼儿的后续学习提供操作材料。

表1-6 数学区材料预览表

年龄 序号	小班	中班	大班
1	小苹果	按规律排序	描写数字
2	插花	几何体	彩色串珠10的合成
3	水果找点点	个位小书	加法花
4	砂纸数字	晾衣服	加法板
5	草莓点点	数字与鸭子	塞根板1
6	母鸡下蛋	电影座位	塞根板2
7	数字小屋	给动物送信	邮票游戏加法
8	苹果树	50板小车	红蓝棒10的分解

续表

序号 \ 年龄	小班	中班	大班
9	毛毛虫	摇摇乐	分杯子
10	月亮船	图形摆珠	数数架减法
11	蛇形拼图	钓一钓	蛇形游戏
12	桃花朵朵开	瓢虫飞	点的游戏
13	彩色串珠	青蛙跳	银行游戏除法
14	量量对应	加法珠	应用题
15	造房子	神秘数字	量一量
16	图形找家	个位、十位和百位	人民币换算

第二章
数学区材料案例

在我们之前出版的《幼儿园区域活动——环境创设与活动设计方法》一书中，我们反复提到材料是区域环境中的关键要素。本书是有关区域课程之数学区材料的书籍，因此，在本书中我们将重点聚焦于数学区材料的设计与评价。教师在提供数学区材料时，首先要依据《纲要》中对各年龄段的要求及《指南》中各层次的目标，然后根据本班幼儿的年龄特点及幼儿的发展需要制定具体的数学区教育目标，再依据数学区的教育目标架构科学合理的材料体系。下面我们将在《幼儿园区域活动——环境创设与活动设计方法》一书的基础上，增加并丰富数学区材料案例，为一线教师介绍小、中、大班三个不同年龄段数学区的材料体系，并详细地解析材料设计思路，设置活动材料导航，提供材料照片和材料操作方式，为开展区域活动的幼儿园提供可实际操作的材料蓝本。

第一节 小班数学区

在小班数学区中,我们选取了深圳市莲花二村幼儿园 17 年区域探索成果中的精华,荟萃了我园在中国化、本土化材料设计和制作中的优秀案例,向读者展示如何在小班数学区投放材料,引导幼儿开展数学区域活动,并培养幼儿初步的数学学习品质。

一、小班数学区设计思路

教师在小班数学区活动设计、材料投放上应遵循幼儿具体形象思维的特点,帮助幼儿感知生活中数学的有用和有趣。活动内容与幼儿的生活经验紧密相连,活动材料所体现的知识点都源于幼儿的生活。如:通过摆放小苹果的操作认识"1"和"许多",在插花的过程中学习点数,在摆弄毛毛虫材料的过程中认识数字,在水果找点点的操作中学习量与量的对应,这种贴近幼儿生活的学习能够使他们觉得数学就在自己的身边,可更好地激发其学习数学的兴趣,同时也有助于拓展幼儿的经验和视野。

二、小班数学区活动导航

从小班数学区导航图(见图 2-1)中的材料名称就可以找到幼儿喜欢的元素,材料设计大部分以水果、动物为主要载体,让小班幼儿能通过直观的材料外形喜欢上材料,乐于操作和探索材料,从而习得知识、提升能力。

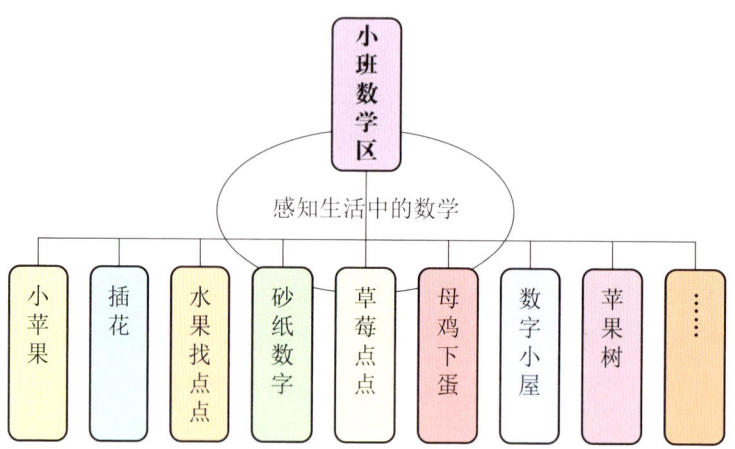

图 2-1　小班数学区导航图

三、小班数学区材料案例

案例 2-1

（1）活动名称：小苹果。

（2）活动目标：

①萌发积极探索"苹果"数量变化的愿望。

②感知"1"和"许多"的关系，知道"许多"可以分成1个、1个……1个1个合起来是许多。

③发展对数量的观察分析能力和口语表达能力。

（3）材料解读：

图 2-2　材料构成

①选用色彩亮丽的木质苹果树吸引幼儿。

②这是一份磁性教具，每个苹果上都有小铁片，可以吸在苹果树的磁铁上。

（4）材料构成（见图 2-2）：

①带凹槽嵌入式底座，磁性苹果树，小苹果若干。

②托盘，小桶。

（5）操作步骤：

①从托盘中取出底座和苹果树（见图2-3）。

图2-3　取出底座和苹果树

②将苹果树插在底座上的凹槽中，组装成立体苹果树（见图2-4）。

图2-4　组装苹果树

③取出一桶苹果，说一说："这是许多苹果。"（见图2-5）

图2-5　许多苹果

④边取出苹果边说："1个苹果、1个苹果……"待苹果全都取出来后，说一说："许多可以分成1个、1个……"（见图2-6）

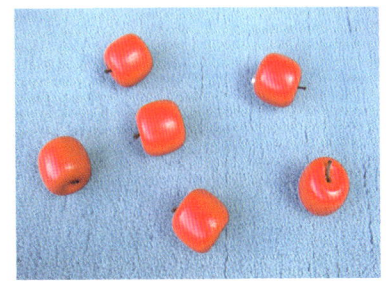

图2-6　许多可以分成1个、1个

图 2-7　将苹果摆整齐

⑤将苹果整齐地摆放在苹果树前（见图 2-7）。

图 2-8　摆 1 个苹果

⑥取 1 个苹果放在树上（见图 2-8）。

图 2-9　1 个 1 个合起来是许多

⑦将苹果一个一个全部放到苹果树上，说一说："1 个 1 个合起来是许多。"（见图 2-9）

（6）适宜年龄：3—4 岁。

（7）错误控制：苹果的数量和树上的磁铁一样多。

（8）注意事项：教师要注意引导幼儿一边说一边操作。

（9）变化延伸：

①可将苹果树换成其他的水果树。

②可将情境换成马路上的车、天空中的飞机等。

③投放"1"和"许多"记录单。

（10）活动反思：

①"1"和"许多"是小班数学起始阶段的活动，小班幼儿手指的灵活性还有待加强，因此选择立体实物供幼儿操作，有利于降低幼儿在操作材料时的难度。教师应观察幼儿的操作，根据幼儿的实际情况调整材料。

②苹果的数量也应根据幼儿的年龄特点来选择，不宜选择过多，超过幼儿的坚持时间容易造成幼儿的注意力分散。

案例 2-2

（1）活动名称：插花。

（2）活动目标：

①感受数学活动的乐趣。

②感知5以内的数与量的对应关系，进一步理解数字的含义。

③会手口一致地点数和说出总数，发展数数能力。

（3）材料解读：

①选用色彩鲜艳的花瓶和漂亮的小花吸引幼儿的兴趣。

②选用有一定重量的玻璃小花瓶，里面塞满可以插花的泡沫或花泥，花瓶外面用彩色即时贴装饰并标上数字。

③挑选5枝塑料小花，重新组合成分别有1、2、3、4、5朵花的小花束。

（4）材料构成（见图2-10）：

①带数字1—5的花瓶5个，花束5枝。

②托盘。

（5）操作步骤：

图2-10　材料构成

图 2-11　取出材料

①将材料从托盘中取出（见图2-11）。

图 2-12　将花瓶排序

②取出花瓶，将花瓶按1—5的顺序排列整齐，指读数字1—5（见图2-12）。

图 2-13　将花朵按数量排序

③点数花朵，将花朵按照1—5的数量排列（见图2-13）。

图 2-14　花和花瓶对应

④将花朵与花瓶按数量一一对应（见图2-14）。

⑤取出只有1朵花的花束（见图2-15）。

图2-15　取出1朵花

⑥将1朵花的花束插进1号花瓶里（见图2-16）。

图2-16　插入1号花瓶

⑦依此方法将分别为2、3、4、5朵花的花束插在相应的花瓶里，认读花瓶上的数字，点数花束上的小花，感知数和量的对应关系（见图2-17）。

图2-17　将花束插入对应的花瓶

（6）适宜年龄：3—4岁。

（7）错误控制：花瓶的颜色与花朵的颜色相同。

（8）注意事项：教师要引导幼儿先数数和对应摆放，最后将花束插进花瓶。

（9）变化延伸：

①可设计水果与果盘（或果篮）的操作材料。

②可设计动物与小房子等各种操作材料。

③投放数字与花朵连线的记录单。

④根据幼儿的发展，后期可增加1—10的对应材料。

（10）活动反思：

①当幼儿开始手口一致地点数时，教师应引导幼儿有序地点数，避免幼儿重复点数或漏数，同时培养幼儿有序学习的良好习惯。

②在材料设计上，应避免需要点数的物品重叠或干扰太多。当幼儿的能力有了一定的提高后，教师可增加材料的难度，以促进幼儿数学能力的进一步提升。

案例 2-3

（1）活动名称：水果找点点。

（2）活动目标：

①喜欢数学活动，愿意探索和发现物体的数量变化。

②感知5以内的数量以及正确排序，掌握量与量的对应。

③能手口一致地点数并说出总数，发展数数能力。

（3）材料解读：

①用幼儿喜欢的卡通水果练习点数，以引起幼儿的兴趣。

②用一条丝带将点点卡片按1—5的顺序固定好，引导幼儿掌握5以内数字的排序。

（4）材料构成（见图2-18）：

①水果卡片5张，点数分别为1、2、3、4、5的点点卡。

②托盘，小碟。

（5）操作步骤：

①将操作材料从托盘中取出来（见图2-19）。

图2-18 材料构成

图2-19 取出材料

②展开点点卡丝带,依次数一数每一张卡片上的点点(见图2-20)。

图2-20 数一数卡片上的点点

③点数水果的数量,将水果卡片按1—5的顺序排列(见图2-21)。

图2-21 按水果数量排序

④取出西瓜卡片,点数西瓜的数量"1"(见图2-22)。

图2-22 取出西瓜卡片

⑤将西瓜卡片对应摆放在1个点点的卡片下面(见图2-23)。

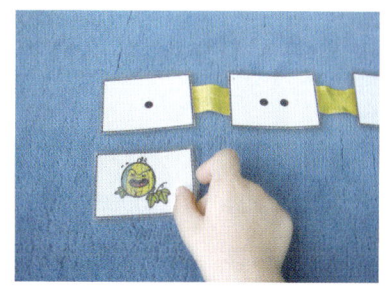

图2-23 找到1个点点的卡片

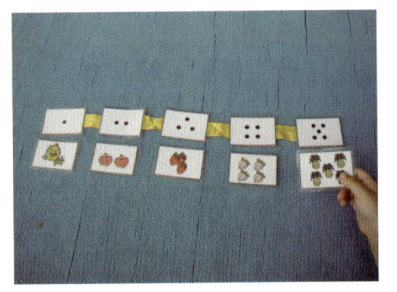

图 2-24　数量相同的对应摆放

⑥依此方法把其他水果卡片摆放在对应数量的点点下面（见图 2-24）。

图 2-25　感知量和量的对应

⑦再次点数，检查水果和点点卡片是否摆放正确，感知量与量相等的对应关系（见图 2-25）。

（6）适宜年龄：3—4 岁。

（7）错误控制：水果和点点的数量相同。

（8）注意事项：教师要引导幼儿在排列水果卡片时按从少到多的数量排序。

（9）变化延伸：

①可设计实物与实物对应的材料。

②当幼儿建立 1—5 量与量的概念后，可增设 1—10 的对应材料。

③可在材料中增设活动记录单。

（10）活动反思：

①这个活动在量与量对应的基础上，首先要求幼儿手口一致地点数并说出总数，然后涉及幼儿的记忆力培养，要求幼儿将前一个总数记清楚后再与后一个总数匹配。教师在观察幼儿操作此材料时，应综合考虑以上几方面的因素。

②在幼儿操作此材料出现差错时，教师不要只从数学一个领域去考虑幼

儿的发展能力，而要从幼儿的观察力、记忆力等不同方面进行评判，通过全面分析来发现幼儿的不足，从而促使幼儿全面而科学地发展。

案例 2-4

（1）活动名称：砂纸数字。

（2）活动目标：

①萌发对数字的兴趣，为书写数字做准备。

②认识数字0—4，知道数字0—4的排列顺序。

③能够手眼协调地描画，初步养成良好的书写习惯。

（3）材料解读：

①针对幼儿的年龄特征，先选用0—4的数字板，以降低难度。

②数字板上的数字是用砂纸制作的，有粗糙感，方便幼儿触摸。

（4）材料构成（见图2-26）：

①0—4的数字板。

②托盘，木盒。

图 2-26　材料构成

（5）操作步骤：

①将操作材料从托盘中取出来（见图2-27）。

图 2-27　取出材料

图 2-28 给数字板排序

②取出数字板,并按自然数序 0—4 排列整齐(见图 2-28)。

图 2-29 从 0 开始

③拿起 0 的数字板,用手触摸感知 0 的形状,用食指按照从上到下、从左到右的方向描画(见图 2-29)。

图 2-30 感知其他数字

④逐一描画数字 1—4(见图 2-30)。

图 2-31 认读数字

⑤认读数字 0—4(见图 2-31)。

（6）适宜年龄：3—4岁。

（7）错误控制：数字板及数字的大小一致。

（8）注意事项：在幼儿描画时，教师要注意观察幼儿拿数字板的方向是否正确，可以按照书写的笔顺示范描画。

（9）变化延伸：

①幼儿能清楚地认读0—4后，可投放0—9的数字板。

②可投放油画棒及白纸，让幼儿拓印数字、制作数学小书。

③可投放沙子和白纸，引导幼儿制作沙子数字小书。

④可投放小沙箱，引导幼儿用手指在沙箱内描画数字。

（10）活动反思：

①幼儿通过手指触摸有颗粒的数字线条，通过触觉刺激而形成对数字的初步印象。教师一定要让幼儿在活动中完整地感知每一个数字，从而完成对每一个数字的整体认识。

②这份操作材料也是为前书写做准备的，因此教师在观察幼儿操作材料时，要注意幼儿的笔顺是否正确，为他们今后正确地书写数字打好基础。

③教师要特别提醒幼儿在操作材料时坐姿正确，幼儿操作材料时眼与数字板的距离也是教师应该重点观察之处。

案例 2-5

（1）活动名称：草莓点点。

（2）活动目标：

①能够积极探索数字与数量之间的联系。

②感知"1—5数与量"的对应关系。

③发展手口一致地点数的能力。

（3）材料解读：

①选用外形可爱的草莓引起幼儿的兴趣，选用柔软又有型的无纺布作为制作材料。

图 2-32　材料构成

②扣子与扣片，数与量对应扣上，扣片的扣眼要稍大一些，以方便幼儿操作。

（4）材料构成（见图 2-32）：

①无纺布制作的草莓底板上分别标有数字"1、2……5"的扣子，同材质的圆形扣片上面分别有数量为"1、2……5"的点点。

②托盘，小碟。

（5）操作步骤：

①将操作材料从托盘中取出来（见图 2-33）。

图 2-33　取出材料

图 2-34　将圆形扣片散放观察

②取出圆形扣片散放（见图 2-34）。

图 2-35　按数序指认"1"

③按照数序，先找出数字为"1"的扣子（见图 2-35）。

第二章 数学区材料案例

④找出数量为1的扣片(见图2-36)。

图 2-36 找到相对应的点点

⑤将其扣在数字"1"上(见图2-37)。

图 2-37 量与数字对应扣上

⑥再次认读"1",确认(见图2-38)。

图 2-38 认读确认

⑦依次找到其他扣片,将其全部扣上(见图2-39)。

图 2-39 照此方法全部扣上

⑧按照数序手口一致地点数1—5。

（6）适宜年龄：3—4岁。

（7）错误控制：扣子与扣片的颜色相对应。

（8）注意事项：教师要注意引导幼儿手口一致地点数并说出总数。

（9）变化延伸：

①投放草莓点点记录单。

②随着幼儿认知能力的提升，点数由1—5延伸拓展为1—10。

（10）活动反思：

①这个活动是在完成了量与量对应的基础上，了解1—5的数序，目测后手口一致地点数并说出总数，使数与数字相匹配。教师在观察幼儿操作此材料时应综合考虑以上几方面的因素。

②在幼儿操作此材料出现差错时，教师不要只从数学一个领域去考虑幼儿的发展能力，而要从幼儿的观察力、记忆力等不同方面进行评判，通过全面分析来发现幼儿的不足，从而促使幼儿全面且科学地发展。

案例 2-6

（1）活动名称：母鸡下蛋。

（2）活动目标：

①喜欢数学活动，愿意探索和发现数字对应数量的变化。

②感知5以内的数量，掌握数与量的对应。

③能手口一致地点数，说出总数并排序。

（3）材料解读：

①在布艺母鸡下垫上天然丝瓜络，制作细丝材质的"鸡窝"，使视觉效果更加情境化。

②使用布包纽扣材质更立体、柔软、美观，适合幼儿点数。

③蛋壳使用较厚的无纺布制作，看起来更加平整、抗皱、立体，方便幼儿操作。

（4）材料构成（见图2-40）：

①无纺布制作的蛋壳上面分别有数字1—5和1～5粒纽扣，母鸡公仔1个。

②筐，小碗，装饰草。

图 2-40 材料构成

（5）操作步骤：

①将母鸡从竹筐中取出。

②再将数字蛋壳取出散放观察（见图2-41）。

图 2-41 取出材料

③取出一个数量的蛋壳，手口一致地点数并说出数量总和（见图2-42）。

图 2-42 取出一个数量的蛋壳点数

④数量对应数字，拼成一个完整的鸡蛋宝宝（见图2-43）。

图 2-43 对应数字拼完整

图 2-44　依次拼好其余鸡蛋宝宝

⑤以此方法将其他鸡蛋宝宝拼完整（见图 2-44）。

图 2-45　按照数序排列

⑥观察已拼完整的鸡蛋宝宝，然后按照 1—5 的数序将其排队（见图 2-45）。

⑦按照数序 1—5 手口一致地点数。

（6）适宜年龄：3—4 岁。

（7）错误控制：蛋壳裂开边缘的曲线不同，拼成一个完整的鸡蛋为正确。

（8）注意事项：教师应引导幼儿按数字从小到大排序。

（9）变化延伸：

①可设计水果装果篮的材料。

②可投放母鸡下蛋的记录单。

③根据幼儿的发展，后期可增加 1—10 的对应材料。

（10）活动反思：

①幼儿手口一致地点数时，教师应引导幼儿有序地点数，避免幼儿重复点数或漏数，同时培养幼儿有序学习的良好习惯。

②在材料设计上，当教师发现幼儿可以完全掌握数与量的对应，并能给数排序时，可增加材料的难度，以促进其数学能力的进一步提升。

案例 2-7

（1）活动名称：数字小屋。

（2）活动目标：

①愿意主动与材料互动，养成做事认真、有条理的好习惯。

②认识10以内的数字，理解数的实际意义，会按1—9的顺序排列数字。

③能目测出数字的形状，训练观察能力和手眼协调能力。

（3）材料解读：

①选用颜色鲜艳的立体数字小屋，屋顶可以装卸，便于幼儿取出数字。

②小屋上有数字1—9的嵌入孔，孔的大小与数字的大小一致。

（4）材料构成（见图2-46）：

①数字小屋1间，立体数字1—9。

②托盘1个，白菜碟子1个。

图2-46 材料构成

（5）操作步骤：

①取出数字小屋，将数字散放在小屋的旁边（见图2-47）。

图2-47 取出小屋和数字

②观察数字小屋，看看小屋周围有哪些数字小孔（见图2-48）。

图2-48 观察数字小屋

图 2-49 排列数字 1—9

③ 认读数字 1—9，按照自然数的顺序排列整齐（见图 2-49）。

图 2-50 观察数字 1

④ 观察数字 1 的形状（见图 2-50），在数字小屋上找到 1 的嵌入孔。

图 2-51 将数字 1 投入小屋

⑤ 将数字 1 从嵌入孔 1 的位置投入数字小屋（见图 2-51）。

图 2-52 装满数字的小屋

⑥ 以此方法将数字 2—9 投入数字小屋，完成后使材料恢复原始状态（见图 2-52）。

（6）适宜年龄：3—4 岁。

（7）错误控制：数字小屋上的嵌入孔与立体数字的形状、大小相同。

（8）注意事项：教师要引导幼儿注意观察数字的正反，不要用力将数字挤进小屋，以免损坏嵌入孔。

（9）变化延伸：

①可设计有序的平面实心数字与数字轮廓配对的操作材料。

②提供有干扰的无序平面实心数字与数字轮廓配对的操作材料。

③可投放数字装饰记录单。

（10）活动反思：

①在活动中幼儿要操作的每一个数字都是独立的，幼儿在摆放这些数字时容易"倒放"和"反放"。当他们操作数字与数字小屋上的数字小孔比对时，容易错认。因此，教师尤其要注意幼儿对数字的正确认知。

②幼儿将单个数字放入数字孔时，教师要引导幼儿按数字的正确方向和顺序将其放入数字小屋，通过这一步骤不断巩固幼儿对数字的正确认识。

案例 2-8

（1）活动名称：苹果树。

（2）活动目标：

①萌发积极探索"苹果"数量变化的愿望。

②感知"1—6"数量的关系，知道"6"可以分成"6 个 1"，"6 个 1"合起来是"6"。

③提高对数量的观察分析能力和口语表达能力。

（3）材料解读：

①选用色彩亮丽的苹果树可引起幼儿的兴趣。提供骰子可增加数字游戏的趣味性。

②宜选用较厚实的 KT 板作为树的底板，使幼儿操作起来更顺畅。树上的凹槽大小比木制小苹果略小一点，可以托住苹果，使苹果既不会滚动，又

图 2-53 材料构成

不会陷进槽里,方便幼儿取出。

(4)材料构成(见图 2-53):

①彩色树(上有 6 个不同颜色的区域,各区域上面分别有 1、2……6 个凹槽),木质小苹果若干,骰子 1 个。

②托盘,小盒子。

图 2-54 取出材料

(5)操作步骤:

①从托盘中取出材料散放观察(见图 2-54)。

图 2-55 取出骰子投掷

②从小盒子中取出骰子,进行投掷(见图 2-55)。

图 2-56 手口一致地点数

③手口一致地点数并说出总数(见图 2-56)。

④找到对应数量的区域(见图2-57)。

图2-57 找到对应数量的区域

⑤从小盒子中取出对应数量的苹果(见图2-58)。

图2-58 取出对应数量的苹果

⑥将苹果放入对应区域的凹槽内(见图2-59)。

图2-59 将苹果摆放在对应区域

⑦用此方法继续投掷骰子并摆放苹果,直到树上挂满苹果(见图2-60)。

图2-60 继续投掷骰子并摆放苹果

（6）适宜年龄：3—4岁。

（7）错误控制：苹果的数量和树上的凹槽一样多，每个区域的颜色与骰子面的颜色相对应。

（8）注意事项：教师应注意引导幼儿手口一致地点数并说出总数。

（9）变化延伸：

①投放苹果树记录单。

②使用两个上限为3的骰子，使幼儿初步感受数字合成。

（10）活动反思：

①苹果树活动是在量与量对应的基础上让幼儿按量取量，需要幼儿能点数并说出总数。教师需要关注幼儿在操作时是否能做到按序点数。

②在幼儿操作此材料出现差错时，教师可以从幼儿的观察力、记忆力等不同方面进行评判，通过全面分析来发现幼儿的不足，从而促使幼儿全面且科学地发展。

案例 2-9

（1）活动名称：毛毛虫。

（2）活动目标：

①萌发对数学活动的兴趣，乐意动手操作。

②认识10以内的数，知道数字1—10的排列顺序。

③能对照参照板进行自我检查，发展数概念。

（3）材料解读：

①选用色彩鲜艳的毛毛虫嵌板，毛毛虫的身体是由彩色的数字块组成的，共10块，上面分别写有数字1—10。

②为拼好的毛毛虫拍照，制作成参照板。

（4）材料构成（见图2-61）：

图2-61　材料构成

①毛毛虫嵌板1块，数字块1—10，参照板1张。
②托盘，篮子。
（5）操作步骤：
①从托盘中取出材料，放在地毯上（见图2-62）。

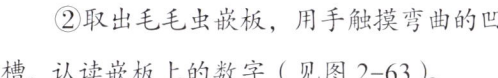
图2-62 取出材料

②取出毛毛虫嵌板，用手触摸弯曲的凹槽，认读嵌板上的数字（见图2-63）。

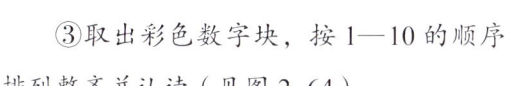
图2-63 观察嵌板并认读数字

③取出彩色数字块，按1—10的顺序排列整齐并认读（见图2-64）。

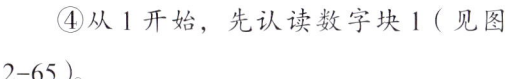
图2-64 排列数字块1—10

④从1开始，先认读数字块1（见图2-65）。

图2-65 认读数字块1

图 2-66 将数字块 1 放到嵌板上

⑤把数字块 1 放到嵌板上对应的位置（见图 2-66）。

图 2-67 拼成毛毛虫

⑥以此方法认读数字块 2—10，并将它们全部放到嵌板上，拼成完整的毛毛虫（见图 2-67）。

图 2-68 对照参照板检查

⑦对照参照板检查，再次认读数字（见图 2-68）。

（6）适宜年龄：3—4 岁。

（7）错误控制：参照板上有按 1—10 正确排序的毛毛虫，嵌板上有数字提示。

（8）注意事项：教师要引导幼儿注意观察数字的正反，数字摆放的方向正确才能放入嵌板。

（9）变化延伸：

①投放毛毛虫活动的记录单。

②设计数字1—9小套娃操作材料。

③设计数字汽车入车库操作材料。

（10）活动反思：

①在前期数学区材料的基础上幼儿对数字已有了初步认知，此份材料重在让幼儿了解数字的顺序。

②在进行操作时，教师要让幼儿先将组成毛毛虫的每一个数字块按顺序摆放好，再组合，以免将毛毛虫组合好后才发现数字顺序错误。再行修改对小班幼儿来说难度更大，会导致幼儿对材料失去兴趣。

案例 2-10

（1）活动名称：月亮船。

（2）活动目标：

①萌发对数学活动的兴趣，乐意动手操作。

②认识10以内的数，知道数字1—10的排列顺序。

③能对照参照板按序操作，发展数概念。

（3）材料解读：

①选用色彩鲜艳的月亮形状底板1块，中间有凹槽刚好与绿色正方体积木块的高度相吻合，绿色正方体积木块上粘贴有数字1—10。

②给拼好的数字月亮船拍照，并将其制作成参照板。

（4）材料构成（见图2-69）：

①月亮船嵌板1块，数字块10个（绿色正方体积木块，上面分别贴有数字1—10），参照板1张。

②托盘，篮子。

③数字月亮船工作单，数字印章，红色印泥。

图 2-69　材料构成

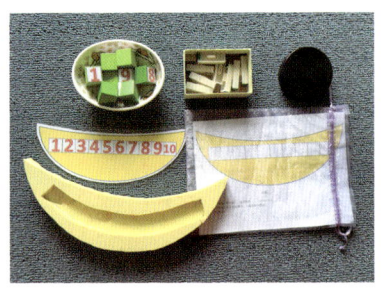

图 2-70　取出材料

（5）操作步骤：

①取出材料观察（见图 2-70）。

图 2-71　认读参照板

②找到参照板，按数序指读（见图 2-71）。

图 2-72　散放观察

③取出所有数字块，散放观察（见图 2-72）。

图 2-73　按数序认读"1"

④取出月亮船底板，指认参照板上的"1"（见图 2-73）。

⑤找到数字块1,将其放到月亮船上"1"的位置(见图2-74)。

图2-74 将数字块1放入嵌板中

⑥以此方法认读数字块2—10,并将数字块全部放到嵌板上,最后对照参照板检查,再次认读数字(见图2-75)。

图2-75 按此方法逐一排列

⑦对照已完成的数字月亮船,填写工作单(见图2-76)。

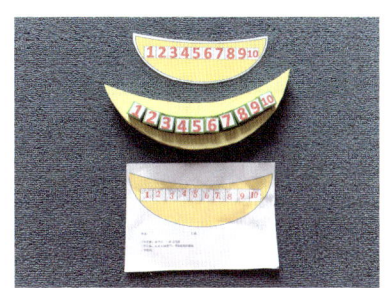

图2-76 填写工作单

(6)适宜年龄:3—4岁。

(7)错误控制:参照板上有按1—10正确排序的数字。

(8)注意事项:教师要引导幼儿注意观察数字的正反,数字摆放的方向正确才能放入嵌板。

(9)变化延伸:

①设计上面有数字1—20的月亮船。

②设计上面有数字1—30的月亮船。

（10）活动反思：

①月亮船活动是通过数数对应完成完整的数序排列，幼儿在操作时容易出现区分不清数字"6"和"9"的情况，教师可以二次改造材料，在数字"6"和"9"的下面加一个黑点，让幼儿知道黑点在下面方向才是正确的。教师观察幼儿操作时，尤其要注意幼儿对数字的正确认知。

②当幼儿操作时，教师要引导幼儿遵循参照板从左到右的顺序操作，以免操作到最后发现多出数字。再行修改对小班幼儿来说难度较大，会使幼儿对材料失去兴趣。

案例 2-11

（1）活动名称：蛇形拼图。

（2）活动目标：

①萌发动手操作拼图材料的兴趣，按照数序拼成完整的蛇。

②感知1—10数字的排序。

③根据空缺拼图，发展手眼协调能力。

（3）材料解读：

①选用木制拼图蛇为材料载体可引起幼儿的活动兴趣。

②在卡纸上按1∶1的比例描画拼图，用相同颜色填充制作成参照板以降低操作难度，引导幼儿完成。

（4）材料构成（见图2-77）：

①数字1—10小蛇立体拼图，参照板。

②托盘，小碗。

（5）操作步骤：

①将操作材料取出（见图2-78）。

图 2-77　材料构成

图 2-78　取出材料

②从小碗中将拼图小块逐一取出后散放并观察（见图2-79）。

图 2-79　将拼图散放

③取出参照板，从头到尾按顺序认读数字1—10（见图2-80）。

图 2-80　按顺序找到数字"1"

④对应参照板找到数字"1"的拼图小块（见图2-81）。

图 2-81　认读对应数字"1"

⑤在参照板下方的地毯上找起点位置，并把拼图小块1放在该位置（见图2-82）。

图 2-82　把"1"放在起点位置

图 2-83 把"2"和"1"拼在一起

⑥再找数字"2"的拼图小块,将两块拼接在一起(见图 2-83)。

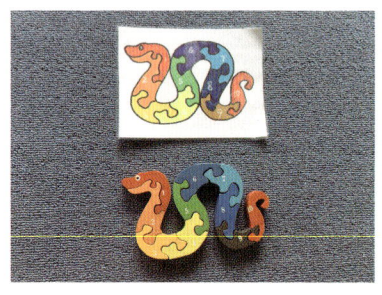

图 2-84 完成拼接

⑦按照数序逐一找到剩下的拼图小块,完成拼接(见图 2-84)。

(6)适宜年龄:3—4岁。

(7)错误控制:拼图连接位置的卡口大小不同。

(8)注意事项:教师要注意引导幼儿按照 1—10 的数序操作。

(9)变化延伸:

①制作数字 1—20 的蛇形拼图。

②可在材料中增设活动记录单。

(10)活动反思:

①当幼儿操作时教师要注意观察,幼儿一定要对照参照板从蛇头到蛇尾的顺序拼接,如此要求不仅能促进幼儿对数序的认知,更可培养幼儿做事有序的习惯。

②当幼儿完成操作后,教师一定要让幼儿正确地认读蛇形拼图上的数字,让幼儿进一步强化数字 1—10 的顺序,同时教师应了解每个幼儿在数学领域的发展水平及发展需要,为后续提供材料寻找依据。

案例 2-12

（1）活动名称：桃花朵朵开。

（2）活动目标：

①愿意探究数学活动材料，对生活中常见的物品数量感兴趣。

②认识数字1—9，知道数字可以表示相应的数量。

③发展点数、将数与量匹配的能力。

（3）材料解读：

①制作带树枝的小树卡片一套，每棵树的树干上都有数字，而且树枝的数量与树干上的数字相同。

②选用漂亮的彩色纽扣，纽扣的大小与树枝的大小相符，数量是45粒，正好摆满9棵树的树枝。

（4）材料构成（见图2-85）：

①数字小树卡片9张，纽扣45粒。

②托盘，玻璃小碗。

图 2-85 材料构成

（5）操作步骤：

①取出小树卡片，散放在地毯上（见图2-86）。

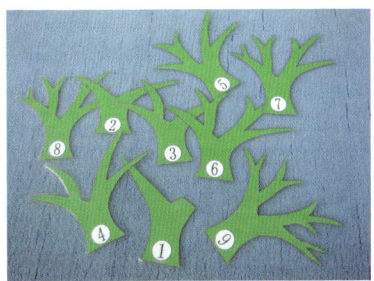

图 2-86 取出小树

图 2-87　按 1—9 的顺序排列

②认读数字 1—9，并将小树按照数字从小到大的顺序排列整齐（见图 2-87）。

图 2-88　取出彩色纽扣

③从托盘中取出彩色纽扣（见图 2-88）。

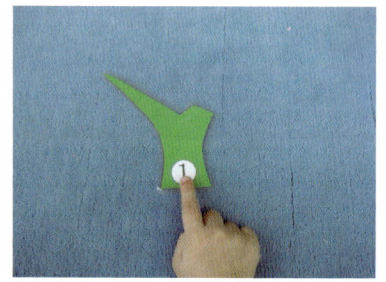

图 2-89　指读 1 号小树

④指读 1 号小树上的数字，认读数字"1"（见图 2-89）。

图 2-90　摆 1 粒纽扣

⑤取出 1 粒纽扣对应摆放在树枝的顶端（见图 2-90）。

⑥以此方法，给2—9号小树的树枝上摆放相应数量的纽扣（见图2-91）。

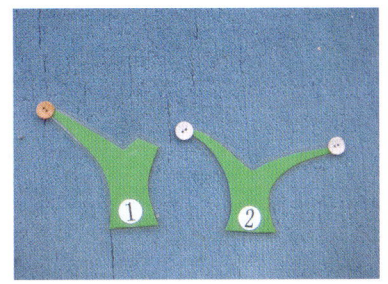

图2-91　依次完成

⑦幼儿自己检查树干上的数字与树枝上的纽扣数量是否一致，感知数和量的对应关系（见图2-92）。

图2-92　桃花朵朵开

（6）适宜年龄：3—4岁。

（7）错误控制：小树树干上的数字与树枝的数量相等。

（8）注意事项：

①教师要引导幼儿在排列小树时按树枝从少到多的顺序排序。

②在幼儿进行自我检查时教师要提醒幼儿，1根树枝上只摆放1粒纽扣，全部摆放后玻璃小碗中的纽扣正好用完。

（9）变化延伸：

①投放桃花朵朵开的记录单。

②设计苹果树结果子的操作材料。

③设计数字屋里的动物宝宝的操作材料。

（10）活动反思：

①此份材料是在幼儿认识数字、掌握数字顺序的基础上，为发展幼儿初步的数概念而设计的。教师在指导幼儿活动时，既要观察幼儿是否了解

"1"代表1个物体,也要了解幼儿是否知道1个物体能用数字"1"来表示。

②在幼儿完成材料操作后,教师要观察幼儿的操作结果是否正确,更重要的是让幼儿理解数字与数量的关系,并观察评价每个幼儿的数概念发展情况,为后续的活动做好准备。

案例 2-13

(1)活动名称:彩色串珠。

(2)活动目标:

①萌发对数学活动的兴趣,乐意动手操作。

②认识10以内的数,知道数字1—10的排列顺序。

③发展手口一致地点数的能力。

(3)材料解读:

①选用10串不同颜色的串珠(每串串珠的珠子数量分别为1、2、3……10),选用与凹槽长短相匹配的木制收纳盒。

②十色彩色铅笔与彩色串珠的颜色完全对应,需要做记录时可以去公共材料区取垫板来用。

(4)材料构成(见图2-93):

①彩色串珠,自制点数器。

②托盘,串珠收纳盒。

③彩色串珠作业单,十色彩色铅笔。

(5)操作步骤:

①从托盘中取出彩色串珠,散放观察(见图2-94)。

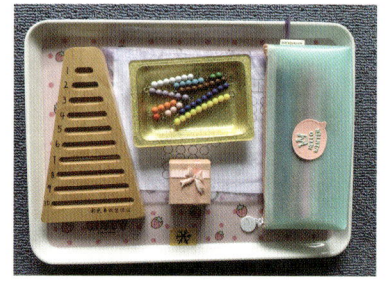

图 2-93　材料构成

图 2-94　散放观察彩色串珠

②取出串珠收纳盒,按序指认数字"1"(见图2-95)。

图2-95 指认数字"1"

③目测找到数字"1",再用点数器点数彩色串珠1并确认(见图2-96)。

图2-96 用点数器点数

④将彩色串珠1放入对应的"1"凹槽中(见图2-97)。

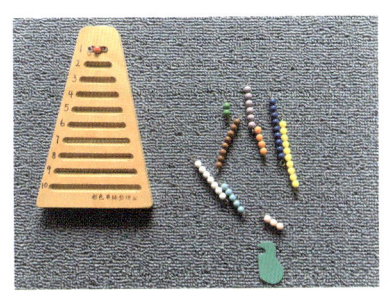

图2-97 放入对应凹槽中

⑤以此方法,认读数字"2—10",并将彩色串珠全部放入对应的凹槽中(见图2-98)。

图2-98 逐一放入凹槽中

图 2-99 取出彩色铅笔对应放好

⑥取出彩色铅笔,对应串珠的颜色摆放(见图 2-99)。

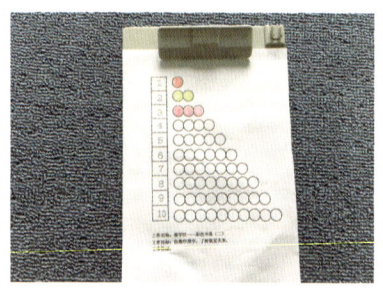

图 2-100 完成记录

⑦对照完成记录(见图 2-100)。

(6)适宜年龄:3—4 岁。

(7)错误控制:收纳盒上有与 10 串彩色串珠的长度和大小相同的凹槽,凹槽内标有对应的颜色。

(8)注意事项:教师要引导幼儿注意使用点数器,手口一致地点数。

(9)变化延伸:

①设计 1—10 挂式串珠。

②设计 1—20 彩色串珠。

(10)活动反思:

①彩色串珠材料要求幼儿能按数取量,幼儿操作这份材料应建立在 10 以内的数量对应认知的基础上,教师应当了解幼儿的这一认知水平,适时引导幼儿。

②教师要引导幼儿掌握正确取放彩色串珠的方法——手捏住彩色串珠的"小耳朵",这样不容易造成材料丢失,可让幼儿学会保护材料,养成珍惜每

一份材料的好习惯。

案例 2-14

（1）活动名称：量量对应。

（2）活动目标：

①萌发积极探索"动物"数量和"食物"数量的对应。

②感知等量关系，知道把"数量"相同的事物对应起来。

③发展手口一致地点数及观察分析数量的能力。

（3）材料解读：

①以拼图的形式引导幼儿完成材料操作，选用动物找食物的情节引起幼儿的兴趣。

②在材料的制作中需要注意，选择的动物与爱吃的食物配对，食物要有单一性，如青蛙爱吃害虫，设计时就不能有其他动物也是吃害虫的。

③填写记录单需要使用垫板，请幼儿先去公共区域找垫板。

（4）材料构成（见图 2-101）：

①动物数量为 1—10 的卡片，食物数量为 1—10 的卡片。

②托盘，小盒子。

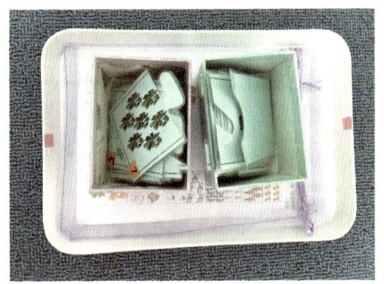

图 2-101　材料构成

（5）操作步骤：

①从托盘中取出动物卡片散放观察（见图 2-102）。

图 2-102　取出动物卡片散放观察

图 2-103　找到动物卡片

②手口一致地点数,找到数量为"1"的动物卡片(见图 2-103)。

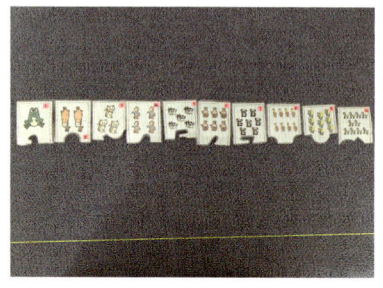

图 2-104　按数序排列动物卡片

③按照动物数量从少到多的顺序将动物卡片摆成一排(见图 2-104)。

图 2-105　散放观察食物卡片

④取出动物爱吃的食物卡片散放观察(见图 2-105)。

图 2-106　对应数序嵌入

⑤对应拼接动物数量为"1"的卡片(见图 2-106)。

⑥逐一找到剩下的卡片，完成拼接（见图2-107）。

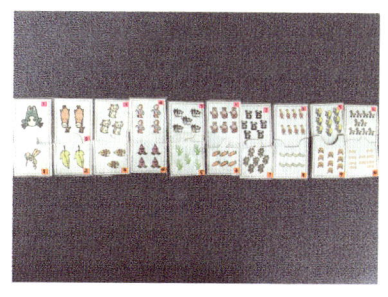

图2-107 对应完成拼接

⑦取出动物与食物作业单后，在班级公共用品区取笔。

⑧对照操作，将数量相等的图片连线（见图2-108）。

图2-108 对照操作记录

（6）适宜年龄：3—4岁。

（7）错误控制：

①数量相同的两张图片能拼在一起合成一张图片。

②图片角落上标有总数，数量相同的为一组。

（8）注意事项：教师要注意引导幼儿手口一致地点数。

（9）变化延伸：

①将数量调整为1—20。

②设计动物找家量量对应材料。

（10）活动反思：

①在幼儿选择这份材料后，教师要观察幼儿是否具有以下经验：点数10以内的数量经验、正确说出总量的经验以及对数量排序的经验。

②幼儿操作完成后需要对照操作结果完成记录单，在记录单上最好选用连线的方式记录，这样比较符合小班幼儿的发展水平，但是这份材料的数量

较大，需要幼儿耐心完成。教师要引导幼儿正确地使用垫板。

案例2-15

（1）活动名称：造房子。

（2）活动目标：

①萌发对数学活动的兴趣，乐意动手操作。

②认识20以内的数，知道数字1—20的排列顺序。

③能对照参照板按序操作，发展数概念。

（3）材料解读：

①选用1块色彩鲜艳的房子嵌板；选用两种数字颜色的积木块，一组粘贴红色数字1—10，另一组粘贴绿色数字11—20。

②制作数字1—20完整底板作为参照板。

③数字积木块1—10和11—20分两个盒子收纳，可以降低幼儿的操作难度。

图2-109　材料构成

（4）材料构成（见图2-109）：

①房子嵌板1块，红色数字积木块1—10，蓝色数字积木块11—20，参照板1张。

②托盘，小盒子。

图2-110　取出材料

（5）操作步骤：

①取出材料（见图2-110）。

②把红色数字积木块1—10从小盒子中取出散放观察（见图2-111）。

图2-111 取出红色数字积木块

③对应参照板找到数字"1"（见图2-112）。

图2-112 对应参照板找到数字"1"

④找到积木块1，将其嵌入房子中"1"的位置（见图2-113）。

图2-113 把积木块1嵌入房子

⑤以此方法将积木块2—10逐一对应放入房子中（见图2-114）。

图2 114 摆放积木块2—10

图 2-115　取出绿色数字积木块

⑥把绿色数字积木块 11—20 从小盒子中取出散放观察（见图 2-115）。

图 2-116　摆放积木块 11—20

⑦按照摆放积木块 1—10 的方法，将积木块 11—20 全部放到嵌板上（见图 2-116）。

⑧对照参照板检查，再次认读数字。

（6）适宜年龄：3—4 岁。

（7）错误控制：参照板上绘有按数字 1—20 正确排序的积木块。

（8）注意事项：教师要引导幼儿注意观察数字的正反，数字摆放的方向正确才能放入嵌板。

（9）变化延伸：

①投放记录单。

②根据幼儿的经验设计 30 块数字积木材料。

（10）活动反思：

①幼儿首先认识数的排序，再根据排序取相应的数字，并在对应的位置正确摆放数字。教师应注意幼儿是否出现漏数的情况，漏数后重新调整数字顺序对小班幼儿来说难度较大，如发现幼儿有漏数的情况教师应及时引导。

②收集整理材料时，教师应提醒幼儿从最后一个积木块开始收，将积木

块1—10和11—20分成两盒收纳，让材料恢复到原来的状态。

案例2-16

（1）活动名称：图形找家。

（2）活动目标：

①对图形感兴趣，愿意发现周围环境中物体的形状。

②认识图形的名称和形状，尝试按图形的特征分类。

③提高对图形进行匹配和分类的能力。

（3）材料解读：

①选用幼儿常见的圆形、三角形、正方形、长方形和梯形，几种图形用颜色区分开。

②操作板用于图形分类，上面应有图形名称、标记和分类位置。

（4）材料构成（见图2-117和图2-118）：

①几何图形若干，操作板。

②托盘，礼品盒。

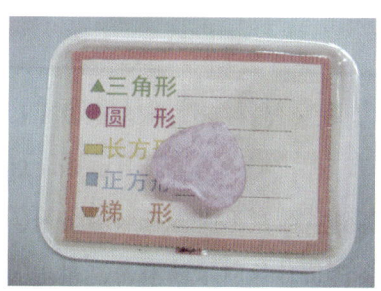

图2-117　材料构成1

图2-118　材料构成2

（5）操作步骤：

①认识各种图形，摸一摸、说一说它们是什么图形（见图2-119）。

图2-119　逐一认识图形

图 2-120　图形分类

②给图形分类，将相同的图形摆放在一起（见图 2-120）。

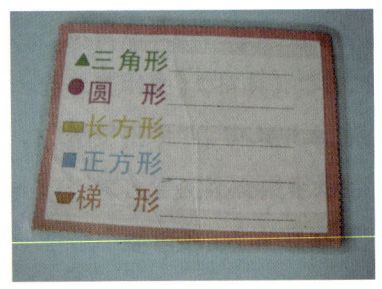

图 2-121　取出参照板

③取出参照板，认识参照板上的图形并认读文字（见图 2-121）。

图 2-122　拿起三角形

④从操作板第一排的提示开始，拿起三角形（见图 2-122）。

图 2-123　放到三角形的家里

⑤将三角形放在文字右边的横线上（见图 2-123）。

⑥将所有的图形摆放到操作板上（见图 2-124）。

图 2-124　给全部图形找到家

（6）适宜年龄：3—4 岁。

（7）错误控制：操作板上文字和图形的颜色与实物图形的颜色一致。

（8）注意事项：教师要让幼儿知道横线表示图形的家，引导幼儿将图形放置在文字右边的横线上。

（9）变化延伸：

①增加图形涂色的记录单。

②组织幼儿到户外玩找图形的游戏。

（10）活动反思：

①教师要注意观察幼儿是否能根据视觉判断、触摸边缘、颜色识别的方法将抽象的几何图形按序分类。

②当幼儿完成操作后，教师要引导幼儿试着点数数量，说出分类后每种几何图形的数量。

第二节　中班数学区

在介绍中班数学区时，我们选取了深圳市莲花二村幼儿园 17 年区域探索成果中的精华，荟萃了我园在中国化、本土化材料设计和制作中的优秀案例，向读者展示我园如何在中班数学区提供承上启下的探索材料,既促使幼儿在小班基础上有进一步的发展,又为大班的区域探索打好基础。

一、中班数学区设计思路

设计中班数学区,教师应在活动设计、材料投放上抓住中班幼儿从具体形象思维向抽象逻辑思维转变的思维特点。区域的总目标应从小班以培养幼儿学习数学的兴趣为主,逐步过渡到形成数概念并发现生活中的数学现象等。活动内容既有与幼儿的生活经验紧密联系的材料,也有单纯数学学科知识方面的材料。如:按规律排序,就是让幼儿有序排列几组相关的图形,幼儿既可了解图形的特征,也可在操作过程中发现事物的规律;而晾衣服,是通过给衣服按数字排序,使幼儿既学习相邻数,也运用这一知识在今后的生活中有序地安排生活。这种既有生活特点又有学科特点的数学区域活动,能更好地促使幼儿热爱数学、探索数学。

二、中班数学区活动导航

通过中班数学区导航图(见图2-125)可以看出,中班阶段幼儿的数学

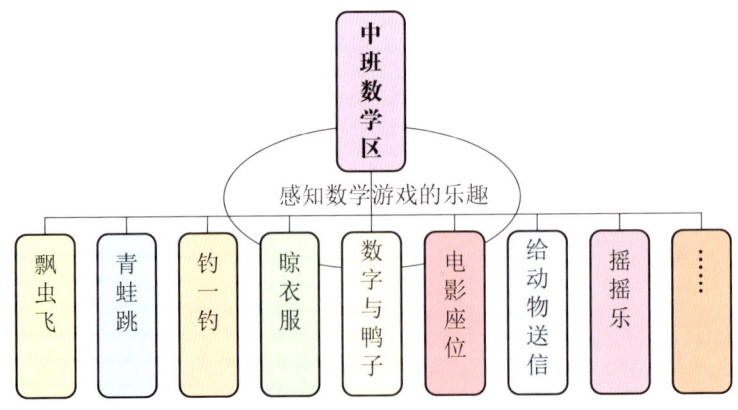

图2-125 中班数学区导航图

材料大部分以游戏的形式呈现,教师在材料的投放中有意识地添加了多人游戏的元素,充分考虑到了中班幼儿喜欢交往、乐于探索的年龄特点。

三、中班数学区材料案例

案例 2-17

(1)活动名称:按规律排序。

(2)活动目标:

①萌发对图形的兴趣,并喜欢辨认生活中的图形。

②初步了解几种几何图形的基本特征,学习按规律有序地排列几何图形。

③能根据操作板的提示独立进行操作,提高观察能力和动手操作能力。

(3)材料解读:

①选用精美的几何图形积木,用砂纸将积木的边缘打磨光滑。

②在参照板上用彩色即时贴剪贴几何图形,并过胶保存。

(4)材料构成(见图 2-126 和图 2-127):

①几何图形积木若干,参照板 1 和参照板 2。

②托盘,篮子。

图 2-126　材料构成 1

图 2-127　材料构成 2

图 2-128　观察参照板 1

（5）操作步骤：

①观察参照板 1，认识参照板上的几何图形，找出它们排列的规律（见图 2-128）。

图 2-129　取出三角形

②对照参照板 1，先拿出一个三角形（见图 2-129）。

图 2-130　摆在对应的图形下

③将三角形对应摆放在参照板上的三角形下方（见图 2-130）。

图 2-131　依次摆放图形

④根据参照板的提示，取出其他几何图形积木，依次摆放图形（见图 2-131）。

⑤观察参照板2,认识参照板上的图形,感知参照板上图形排列的规律(见图2-132)。

图2-132 观察参照板2

⑥根据参照板2的排列规律,将图形有规律地摆放在参照板下面(见图2-133)。

图2-133 按规律摆放图形

(6)适宜年龄:4—5岁。

(7)错误控制:参照板上的图形与几何图形积木的颜色、大小相同。

(8)注意事项:教师可引导幼儿重复排列几组图形。

(9)变化延伸:鼓励幼儿自己找规律给图形排序。

(10)活动反思:

①接龙的游戏形式能激发幼儿探索的兴趣。

②参照板上的图形与几何图形积木的颜色、大小相同,使幼儿能很快找到与之相同的几何图形,在对应、比较的过程中感知各种几何图形的基本特征。

③这个活动的难点在于:在没参照板的部分按前面的排列规律摆放几何图形。教师要注意引导幼儿在摆放有参照板部分的时候,说一说"绿色的三角形后面跟着一个蓝色的菱形,蓝色的菱形后面跟着一个红色的梯形……",促使幼儿记住摆放规律。

案例 2-18

（1）活动名称：几何体。

（2）活动目标：

①萌发对几何体的兴趣，愿意发现身边相似的物体。

②初步感知球体、椭球体和卵形体，了解它们的名称和特征。

③能够清楚地描述出自己对几何体的认识，提高视觉和触觉能力。

（3）材料解读：

①挑选幼儿生活中常见又易于混淆的三种几何体，引导幼儿区分认识。

②为方便幼儿操作，可用三个底座托住几何体。

③名称字卡上也有几何体的小图片，便于幼儿通过图片认识它们的名称，并初步了解相关文字。

（4）材料构成（见图2-134和图2-135）：

①球体、椭球体和卵形体各1个，3个底座，3张名称字卡。

②托盘，小筐，小布袋。

图2-134 材料构成1

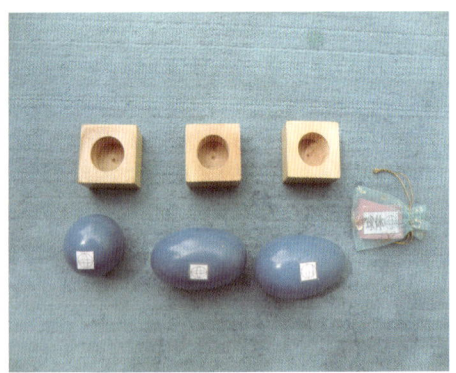

图2-135 材料构成2

(5)操作步骤:

①观察球体,用手触摸感知它的形状,在地毯上滚一滚、玩一玩(见图2-136)。

图 2-136 触摸感知球体

②取出底座(见图2-137)。

图 2-137 取出底座

③将球体固定在底座上,用同样的方法感知其他几何体,并为它们加上底座(见图2-138)。

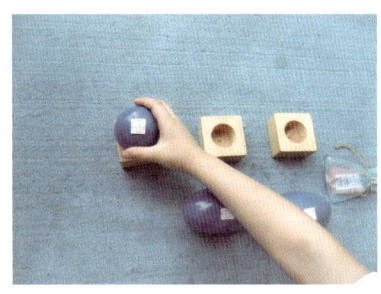

图 2-138 用底座托住球体

④认读名称字卡(见图2-139)。

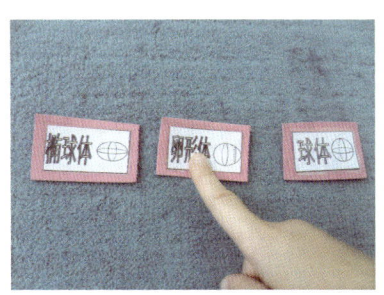

图 2-139 认读名称字卡

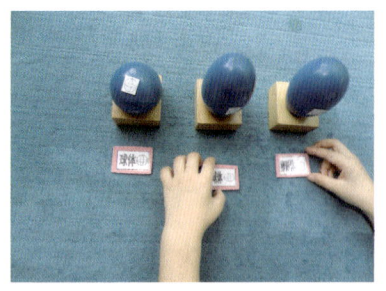

图 2-140　配名称字卡

⑤给三个几何体配上名称字卡（见图 2-140）。

图 2-141　检查操作结果

⑥检查操作结果，再次认读几何体的名称（见图 2-141）。

（6）适宜年龄：4—5 岁。

（7）错误控制：三个几何体上的图片标记与名称字卡上的图片一致。

（8）注意事项：教师应引导幼儿充分触摸三种几何体并感知其特征，帮助幼儿区分认识。

（9）变化延伸：

①引导幼儿寻找身边与上述三种几何体相似的物体，并统计数量。

②感知生活中常见的其他几何体，如正方体、长方体、圆柱体等。

（10）活动反思：

①球体、椭球体和卵形体是日常生活中比较常见的几何体，感知它们的外形特征，了解它们的名称，对幼儿今后认识其他几何体有帮助。

②三个几何体上的图片标记与名称字卡上的图片一致，可以让幼儿轻松地记住几何体的形状特征及名称。

③该活动的关键是让幼儿反复触摸这三个几何体，感知它们的差

别。教师还要注意引导幼儿寻找身边与这三个几何体相似的物体，以加深印象。

案例 2-19

（1）活动名称：个位小书。

（2）活动目标：

①乐于参与认识数位的数学活动。

②初步感知个位数字0—9，知道它们在数位中的位置。

③会有条理地摆放和整理数学活动材料，提高动手动脑的能力。

（3）材料解读：

①制作一本个位小书，数字用绿色表示。

②记录单用小书的形式呈现，每个数字中间是镂空的，幼儿完成记录的成果是获得一本个位小书。

（4）材料构成（见图2-142和图2-143）：

①个位小书，记录单，绿色油画棒。

②小篮子，布袋。

图 2-142 材料构成 1

图 2-143 材料构成 2

图 2-144　认读个位数字

（5）操作步骤：

①认读个位小书上的数字 0—9，知道它们的颜色是绿色（见图 2-144）。

图 2-145　参照数字小书

②参照数字小书，准备给数字的镂空部分涂色（见图 2-145）。

图 2-146　取出记录单小书

③取出记录单小书，从"0"开始（见图 2-146）。

图 2-147　将"0"涂成绿色

④把"0"的镂空部分均匀地涂成绿色（见图 2-147）。

⑤把"1—9"的镂空部分均匀地涂成绿色（见图2-148）。

图2-148　将"1—9"涂成绿色

⑥欣赏已经完成的个位小书，并认读数字0—9（见图2-149）。

图2-149　欣赏个位小书

（6）适宜年龄：4—5岁。

（7）错误控制：个位小书与记录单小书上的数字大小、颜色相同。

（8）注意事项：教师要引导幼儿按书写数字的顺序涂色。

（9）变化延伸：

①可采用给数字打孔、粘贴装饰、做沙子小书等形式认识个位数。

②比较认识十位、百位、千位。

（10）活动反思：

①学做个位小书能够为幼儿后续认识十位、百位、千位打下基础。

②让幼儿给镂空的个位数字涂色能激发其学习兴趣。

③给镂空的数字涂色，是为幼儿书写数字做准备的，建议加上书写数字的笔顺提示。

案例 2-20

（1）活动名称：晾衣服。

（2）活动目标：

①萌发对相邻数的兴趣，愿意摆弄、操作活动材料。

②认识 10 以内的相邻数，理解相邻数之间多 1 或少 1 的关系。

③能自我检查活动的过程和结果，提高比较、判断的能力。

（3）材料解读：

①用较硬的彩色纸自制一套大小相同的衣服，衣服上分别标有 1—10 的数字，衣服的下摆位置贴有与其数量匹配的星星。

②提供带有卡通数字 1—10 的彩色小木夹子。

③准备两个盛有彩砂的废旧矿泉水瓶，瓶子中插上小木棍，中间连接一条麻绳，供幼儿晾衣服。

（4）材料构成（见图 2-150 和图 2-151）：

①彩色数字衣服 10 件，分别带有数字 1—10 的小木夹子，插有小木棍的废旧矿泉水瓶两个。

②托盘，小筐，小桶。

图 2-150　材料构成 1

图 2-151　材料构成 2

（5）操作步骤：

①取出彩色数字衣服，按从左到右、从1到10的顺序摆放衣服（见图2-152）。

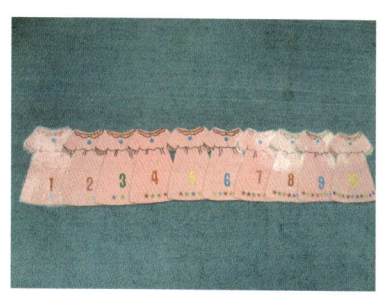

图 2-152　按顺序摆放衣服

②取出10个小木夹子，对应摆放在相同数字的衣服下方（见图2-153）。

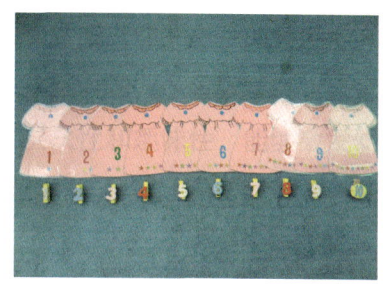

图 2-153　对应摆放小木夹子

③架好插有小木棍的矿泉水瓶，拉开距离让麻绳保持平直（见图2-154）。

图 2-154　架好衣架

④任意选择一件数字衣服，如7号衣服，用7号小木夹子把它夹在麻绳中间（见图2-155）。

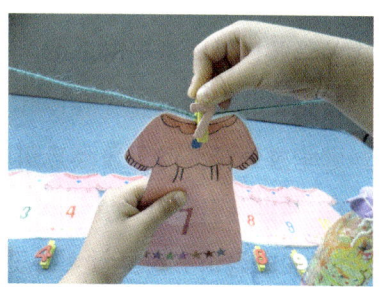

图 2-155　晾好7号衣服

图 2-156　晾左边相邻的衣服

⑤再分别把与 7 号衣服相邻的 6 号和 8 号衣服取出,并夹在 7 号衣服两边,然后说:"6 和 8 是 7 的相邻数。"(见图 2-156)

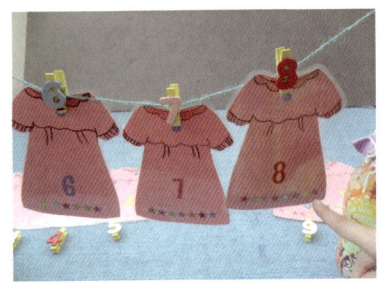

图 2-157　7 的相邻数是 6 和 8

⑥数星星并说:"7 号衣服上有 7 颗星,它的邻居 6 号衣服有 6 颗星,6 比 7 少 1。它的邻居 8 号衣服有 8 颗星,8 比 7 多 1。"(见图 2-157)

(6)适宜年龄:4—5 岁。

(7)错误控制:

①衣服上的数字与对应的小木夹子上的数字一致。

②任意一个数字左右两边的数字便是它的相邻数。

(8)注意事项:

①摆放衣服时教师要提醒幼儿按照 1—10 的顺序排列。

②幼儿整理矿泉水瓶衣架时,可以把它们倒着放在托盘中。

(9)变化延伸:投放晾衣服的记录单。

(10)活动反思:

①晾衣服的游戏极大地引起了幼儿操作的兴趣。衣服上有与数字相匹配数量的星星,能帮助幼儿理解相邻数之间"多 1"或"少 1"的关系。

②在幼儿的操作过程中,教师要注意观察幼儿是否按正确的顺序摆放,引导有困难的幼儿借助于参照板操作。

③在幼儿操作结束后,教师要引导幼儿点数衣服上的星星,加深对相邻数之间"多1"或"少1"关系的理解。

案例 2-21

(1)活动名称:数字与鸭子。

(2)活动目标:

①萌发对数字与数量之间关系的兴趣。

②感知10以内奇数与偶数的区别。

③能根据参照板的提示独立进行操作,提高观察能力和动手操作能力。

(3)材料解读:

①根据幼儿喜爱小动物的特点,精选陶瓷鸭子作为操作材料,以引起幼儿的操作兴趣。

②参照板上有数字与数量及奇数、偶数的提示。

(4)材料构成(见图2-158和图2-159):

①陶瓷鸭子55个,参照板10张。

②托盘1个,篮子1个,笔筒1个,彩色笔1支,胶水1瓶,剪刀1把。

图 2-158 材料构成 1

图 2-159 材料构成 2

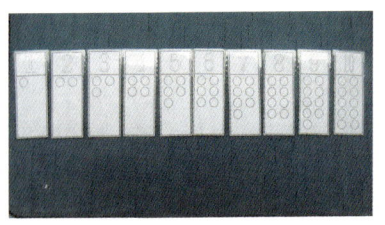

图 2-160　摆参照板

（5）操作步骤：

①取出 10 张参照板，从左到右按数量从少到多排列在地毯上（见图 2-160）。

图 2-161　摆数字

②在参照板上摆数字（见图 2-161）。

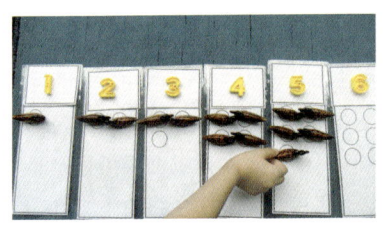

图 2-162　按提示摆鸭子

③按参照板的提示摆放鸭子（见图 2-162）。

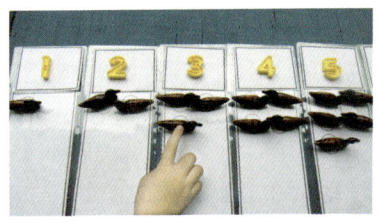

图 2-163　找缺朋友的鸭子

④找一找：哪块参照板上有"缺朋友"的鸭子。说："1，1 只鸭子没朋友。3，3 中这只鸭子没朋友……"（见图 2-163）

图 2-164　找奇数

⑤翻出参照板说："1 是奇数……9 是奇数。1、3、5、7、9 是奇数。奇数上前一步。"边说边把写有奇数的参照板往上挪（见图 2-164）。

⑥指着"2"的参照板说:"2中的鸭子头挨着头,有朋友,2是偶数……2、4、6、8、10是偶数。"(见图2-165)

图2-165 找偶数

(6)适宜年龄:4—5岁。

(7)错误控制:参照板上的数字与鸭子数量匹配,背面藏有"奇数""偶数"的文字。

(8)注意事项:教师要引导幼儿仔细观察参考板。

(9)变化延伸:可以把数字和数量扩展到20、30等,让幼儿继续感知奇数、偶数。可以把鸭子换成棋子或者其他物品,以提高幼儿操作的兴趣。

(10)活动反思:

①参照板能够较好地引导孩子摆放数量相应的数字与鸭子。"奇数"或"偶数"文字卡与参照板连接,确保关于"奇数和偶数"的概念不混淆,设计巧妙。

②在操作过程中,引导幼儿说出"1,1只鸭子没朋友。3,3中这只鸭子没朋友……""1是奇数……9是奇数。1、3、5、7、9是奇数"等,边动手边说是帮助幼儿建立"奇数""偶数"概念的有效途径。

③从参考板的背面翻"奇数"或"偶数"文字卡出来的动作容易让参照板上的鸭子滑动,因此教师需要改良文字卡呈现的方式。

案例 2-22

(1)活动名称:电影座位。

(2)活动目标:

①对电影院里的座位感兴趣,喜欢玩对号入座的游戏。

②感知座位表中排与座的关系与差别,会用数词描述事物的排列顺序与位置。

③能根据参照板的提示独立进行操作，提高观察能力和动手操作能力。

（3）材料解读：

①根据幼儿爱玩乐高积木的特点，精选乐高积木拼接微型电影院座位模型和7个观影人，引起幼儿操作的兴趣。

②参照板上有乐高小人正确落座实拍图，过胶保存。

（4）材料构成（见图2-166和图2-167）：

①4排16座电影院座位微型模型，装扮服饰各异的观影人7个，电影票7张，参照板1串（4张图）。

②托盘1个，盒子1个，笔筒1个，胶水1瓶，剪刀1把，笔1支。

图2-166　材料构成1

图2-167　材料构成2

图2-168　辨认"排"

①辨认"排"，指读"1排，2排……"（见图2-168）。

图2-169　辨认座位

②辨认"座"，指读"1排1座，1排2座……"（见图2-169）。

③观察辨认电影票，指读座位号，如"1排1座"等（见图2-170）。

图2-170 辨认电影票

④观察参照板，辨认各个观影人分别坐在哪个座位上（见图2-171）。

图2-171 辨认观影人的座位

⑤观影人"买票"，剧场工作人员"验票"（见图2-172）。

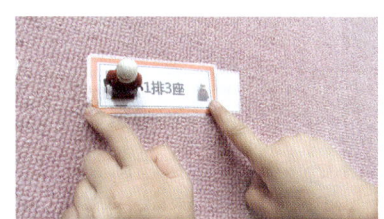

图2-172 买票验票

⑥"观影人"对号入座（见图2-173）。

图2-173 对号入座

（6）适宜年龄：4—5岁。

（7）错误控制：参照板上的图是正确座位实拍图，电影票副券下藏有"观影人"的图片。

（8）注意事项：教师要引导幼儿仔细观察参照板。

（9）变化延伸：鼓励幼儿自己拼接单层更多排、更多座的座位模型，甚至拼接两层、三层的座位模型，再玩"对号入座"的游戏。

（10）活动反思：

①幼儿在操作过程中容易混淆服饰相似度较高的观众，教师要提醒幼儿仔细观察。

②教师要引导幼儿边操作材料边说出"1排1座……4排4座"。

案例2-23

（1）活动名称：给动物送信。

（2）活动目标：

①在有情节的游戏中萌发对数学区材料探索的兴趣。

②初步感知序数。

③发展立体空间思维。

（3）材料解读：

①选择五种立体动物模型使游戏更直观。

②选无纺布制作的房子底板配以房子的编号，以降低游戏难度。

（4）材料构成（见图2-174和图2-175）：

①动物房屋底板1块，小动物5个，动物家的参照板1张，信件5封。

②托盘，盒子。

图2-174 材料构成1

图2-175 材料构成2

（5）操作步骤：

①仔细观察参照板上动物房间的位置（见图2-176）。

图2-176 观察参照板

②观察动物房间与动物底座的错误控制标志（见图2-177）。

图2-177 观察错误控制标志

③按标志把动物送回家（见图2-178）。

图2-178 把动物送回家

④取出信件散放观察（见图2-179）。

图2-179 取出信件散放观察

图 2-180　逐一将信件送出

⑤按照信件上的房号将信件送到动物的家（见图 2-180）。

图 2-181　送出所有的信件

⑥以此方式把所有动物的信件送到家（见图 2-181）。

（6）适宜年龄：4—5 岁。

（7）错误控制：动物、家和信件上有同色的爱心标志。

（8）注意事项：教师要引导幼儿注意观察楼层是纵向的，房间是横向的。

（9）变化延伸：认识坐标。

（10）活动反思：

①选用小动物操作有利于激发幼儿的兴趣。

②用做游戏"送动物回家""给小动物送信"的方式，可引导幼儿观察几层楼几号房，有助于幼儿感知序数。

③在开发"动物房屋底板"时，建议把表示楼层的数字颜色与表示几号房间的数字颜色区分开来。

案例 2-24

（1）活动名称：50 板小车。

（2）活动目标：

①萌发对数字排序的兴趣，并对自己的操作成果感到自豪。

②认识50以内的数，能按自然数序正确排序。

③能熟练地按标记整理操作材料，提高归类能力。

（3）材料解读：

①以多层巴士车的形式设计这份操作材料，符合幼儿的年龄特点。

②小车底板用泡沫地垫切割而成，每一层的左边都有不同的标记，便于幼儿将数字归类整理。

③数字块的大小一致，10个数字块正好摆满一层车厢，将数字块分成1—10、11—20、21—30、31—40、41—50，分别用5个小布袋装好，在布袋上做好标记。

（4）材料构成（见图2-182和图2-183）：

①小车1辆，1—50红色数字块，1—50参照板。

②托盘，布袋。

图2-182　材料构成1

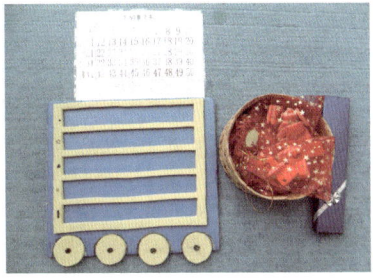

图2-183　材料构成2

（5）操作步骤：

①取出1—50的参照板，摆放在汽车嵌板旁边，观察数序和排序规律（见图2-184）。

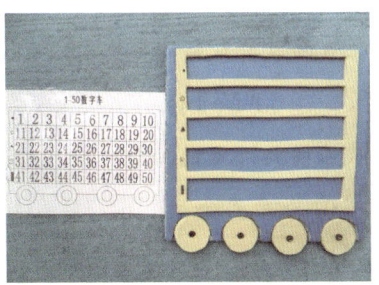

图2-184　观察1—50的参照板

图 2-185 按标记取出小布袋

②按照参照板上的标记,依序摆放好5个装有数字块的小布袋(见图 2-185)。

图 2-186 从 1 开始摆放数字块

③手指参照板,边数数,边从数字 1 开始摆放相应的红色数字块(见图 2-186)。

图 2-187 完成数字排序

④依次在汽车底板上完成 1—50 的数字排序(见图 2-187)。

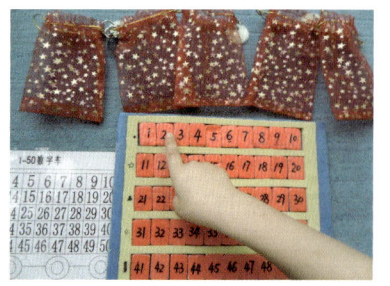

图 2-188 有序数数

⑤待全部完成后,指着摆好的数字车,从 1 到 50 再次数数(见图 2-188)。

⑥取出记录单,按照1—50的数序连线(见图2-189)。

图2-189 按数序连线

(6)适宜年龄:4—5岁。

(7)错误控制:

①小车底板上的标记和装数字块的小布袋上的标记一致。

② 1—50参照板。

(8)注意事项:

①小布袋上的标记应与汽车底板上的标记一致,避免幼儿在收拾材料时混淆数字。

②教师要提醒幼儿操作和整理时按标记进行,完成一个布袋的数字后再取另一个布袋。

(9)变化延伸:

①引导幼儿操作60—100板。

②投放记录单,可以采用粘贴数字1—50或书写数字1—50的形式做记录。

(10)活动反思:

①多层巴士的外观引起了幼儿操作这份材料的兴趣。

②幼儿能够按参考板的提示完成操作。

③幼儿最后收材料时容易把数字弄混。教师要注意提醒幼儿从最底下的一层开始收,收完一层再收上一层。

案例 2-25

(1)活动名称:摇摇乐。

（2）活动目标：

①喜欢专注地进行数学操作，对自己的活动成果感兴趣。

②认识">""<""="，尝试运用符号比较两个数的大小。

③能大胆地讲述自己的操作过程和结果，训练思维的灵活性和表述的完整性。

（3）材料解读：

①戴红色帽的木头人表示红队，戴蓝色帽的木头人表示蓝队。

②木头人的底部和中间是镂空的，玩游戏时可以将半球木珠扣在里面摇动，摇动结束时，木珠上带有数字的一面会自动朝向上方。

③红色和蓝色的木珠为半球体，木珠上分别写有1—10中的一个数字。

（4）材料构成（见图2-190和图2-191）：

①红色木珠1—10，蓝色木珠1—10，木头人两个，">""<""="符号纸各1张。

②托盘，小收纳盒。

图2-190　材料构成1

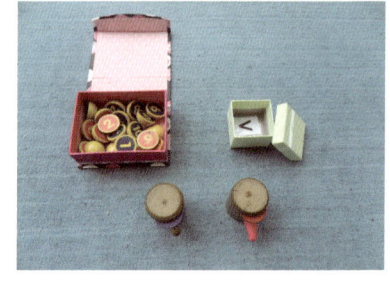

图2-191　材料构成2

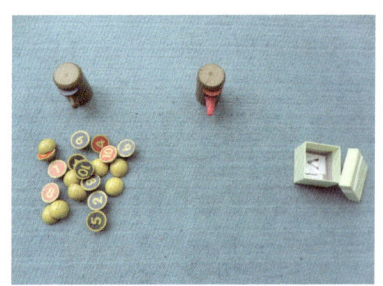

图2-192　摆好两个木头人

（5）操作步骤：

①将红队和蓝队的木头人摆放在地毯上方（见图2-192）。

②把木珠按颜色区分开,分别排列在红队、蓝队木头人的下方(见图 2-193)。

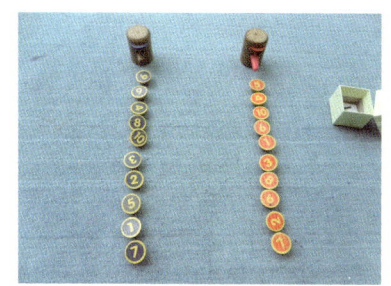

图 2-193　木珠排队

③翻转红、蓝木珠,将数字一面朝向地毯倒扣(见图 2-194)。

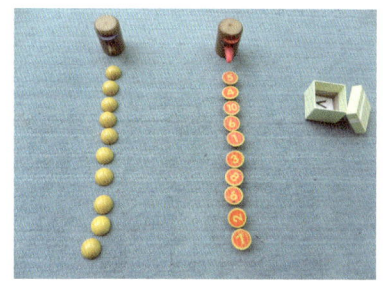

图 2-194　倒扣木珠

④拿起红、蓝队的木头人,分别扣在第一列的红蓝木珠上,并且开始摇动(见图 2-195)。

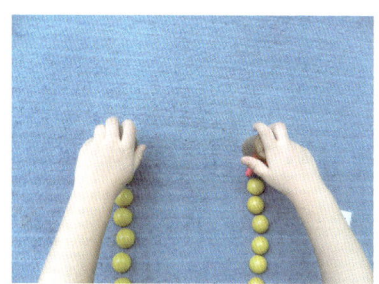

图 2-195　摇动木头人

⑤打开木头人,可以清晰地看到红、蓝半球体上的数字 6 和 5(见图 2-196)。

图 2-196　打开木头人

图 2-197　比较 6 和 5 的大小

⑥比较两个数字的大小，把">"摆放在两个木珠中间，说一说"6大于5"（见图 2-197）。依此方法比较其他数字的大小，直至结束。

（6）适宜年龄：4—5 岁。

（7）错误控制：红、蓝木珠上的颜色与红、蓝木头人帽檐的颜色一致。

（8）注意事项：

①排列红、蓝木珠时，可以不按照数字的大小，而随机、无序地排列。

②教师要引导幼儿比较">"和"<"的区别。

（9）变化延伸：投放摇摇乐的记录单。

（10）活动反思：

①这个游戏能够引起幼儿的操作兴趣。

②比较两个数字谁大谁小，适合已掌握 10 以内数字与数量匹配关系的幼儿操作。

③当幼儿的能力达不到时，教师可以给其提供 10 个红色、蓝色小糖果，增加一个"按数字取糖果，然后比较两种糖果谁多谁少"的程序，帮助幼儿理解数字的大小，进而认识">""<""＝"。

案例 2-26

（1）活动名称：图形摆珠。

（2）活动目标：

①萌发了解图形周长的兴趣。

②通过摆珠了解图形内外圈周长的差异。

③能根据参照板的提示独立进行操作，提高观察能力和动手操作能力。

（3）材料解读：

①根据幼儿爱摆弄玩具的特点，精选红色、蓝色木珠作为测量图形的工具，引起幼儿操作的兴趣。

②小布垫上有图形提示，参照板上有颜色及一一对应比较和用珠数量的提示。

（4）材料构成（见图2-198和图2-199）：

①红蓝长方形嵌板1套，操作小布垫2张，用于比较的参照板2张，记录单1张。

②托盘1个，小碗2个（内有红色、蓝色木珠），笔筒1个，胶水1瓶，剪刀1把，笔1支。

图2-198　材料构成1

图2-199　材料构成2

（5）操作步骤：

①摆小布垫（见图2-200）。

图2-200　摆小布垫

②拿走嵌在中间的长方形，分别摆在小布垫上。沿空心长方形边线一颗挨着一颗摆红色木珠，直至摆满（见图2-201）。

图2-201　沿空心长方形边线摆珠

图 2-202 沿实心长方形边线摆珠

③沿实心长方形外边线一颗挨着一颗摆蓝色木珠,直至摆满(见图 2-202)。

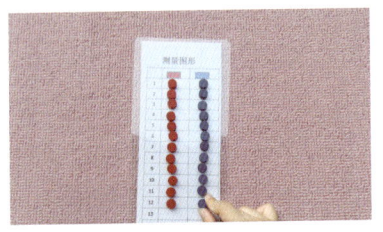

图 2-203 在底板上摆珠

④一颗一颗地取下木珠,用一一对应的方法在参照板上摆珠,口中念"一颗红珠,一颗蓝珠……"直至用完所有珠子(见图 2-203)。

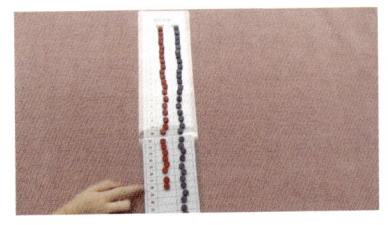

图 2-204 数红色木珠用了几颗

⑤数红色的木珠一共用了几颗(见图 2-204)。

图 2-205 比较哪种木珠用得多

⑥数蓝色木珠用了几颗并比较哪一种木珠用得多,看一看多几颗。在记录单上做记录(见图 2-205)。

（6）适宜年龄：4—5岁。

（7）错误控制：小布垫上有图形提示，参照板上有颜色及一一对应比较和用珠数量的提示。

（8）注意事项：教师要引导幼儿仔细观察参照板。

（9）变化延伸：鼓励幼儿用这种方法给正方形、圆形、三角形、六边形的嵌板摆珠，了解这些图形内外圈周长的差异。也可以两个人一起做游戏，一个人给空心图形摆珠，另一个人给实心图形摆珠，这样趣味性会更强。

（10）活动反思：

①用把木珠一个接一个摆在长方形边线上的方法，可帮助幼儿直观感受图形的周长，这符合中班幼儿的认知特点。

②在比较用的参照板上按"一颗红珠，一颗蓝珠；再一颗红珠，一颗蓝珠……"的一一对应比较的方式摆珠，幼儿很容易判断出空心长方形内圈周长与实心长方形外圈周长的差异。

③摆木珠的过程能够培养幼儿专注与耐心的学习品质。

案例 2-27

（1）活动名称：钓一钓。

（2）活动目标：

①体验统计与人们生活的重要关系，乐意参与数学统计活动。

②能根据物体的不同特征进行分类、统计，尝试用表格记录统计结果。

③能将获得的统计知识运用到游戏中，发展数理逻辑思维能力。

（3）材料解读：

①将几块彩色木板的两边打孔，用线连接起来，做成立体的池塘，引起幼儿操作的兴趣。

②准备一根钓鱼竿，在鱼钩的位置绑上一块磁铁。

③挑选3~4种幼儿喜欢的海洋动物，在动物的身上加上铁扣，方便用鱼竿吊起来。

(4)材料构成(见图2-206和图2-207):

①池塘1个,海龟1只,螃蟹2只,章鱼3条,海马4只,磁性鱼竿1根,统计表1张,1—4的数字卡片。

②托盘,小盒子。

图2-206 材料构成1

图2-207 材料构成2

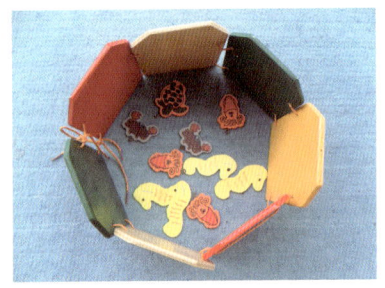

图2-208 把动物放入池塘中

(5)操作步骤:

①把动物放入池塘中(见图2-208)。

图2-209 钓一钓

②拿起磁性钓鱼竿,钓起池塘里的动物(见图2-209)。

③对应统计表上的标志，把钓上来的动物摆放在相应的空格内（见图2-210）。

图2-210　对应标志摆放

④把海洋动物全部钓起来后，观察统计表，并数一数各种动物的数量（见图2-211）。

图2-211　数一数

⑤根据统计的数量，把相应的数字卡片摆放在表格下方（见图2-212）。

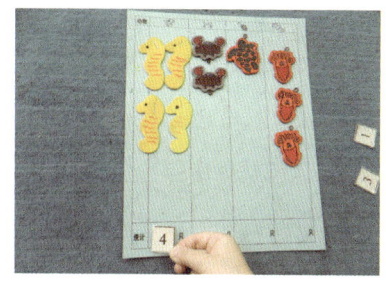

图2-212　摆数字

⑥完成统计表，说说动物的总数（见图2-213）。

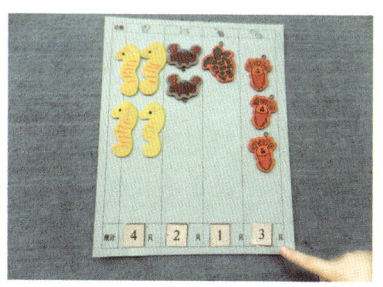

图2-213　说说统计结果

（6）适宜年龄：4—5岁。

（7）错误控制：

①相同种类的动物用相同的颜色。

②统计表上的动物标志与实物形象一致。

（8）注意事项：

①教师要提醒幼儿立起池塘时尽量把池塘拉开成圆形。

②幼儿把海洋动物放到池塘中时，要平铺摆好，勿重叠。

（9）变化延伸：

①增加难度，统计其他物品。

②投放统计表的记录单，让幼儿用绘图和记数等方法学习统计。

（10）活动反思：

①幼儿喜欢玩钓鱼游戏。

②因统计表提示明确，幼儿在操作的过程中学会了分类方法。

③数数量、取数字卡、摆数字卡，幼儿能够轻松地完成。

案例 2-28

（1）活动名称：瓢虫飞。

（2）活动目标：

①萌发对生活中存在的数量分解现象的兴趣。

②感知数量5的分解方式。

③能根据参照板的提示独立进行操作，提高观察能力和动手操作能力。

（3）材料解读：

①根据幼儿喜爱小动物的特点，精选5个瓢虫模型作为操作材料，以引起幼儿操作的兴趣。

②参照板上有供瓢虫"落脚"的小点点。

（4）材料构成（见图2-214和图2-215）：

①瓢虫模型5个，连接一大两小树叶的组合4套。

②托盘1个，陶瓷盒子2个，笔1支，记录单1张。

图 2-214　材料构成 1

图 2-215　材料构成 2

（5）操作步骤：

①观察参照板上的灰色小点点，让5只瓢虫飞到大叶子上（见图 2-216）。

图 2-216　瓢虫飞到大叶子上

②观察小叶子上的点点（见图 2-217）。

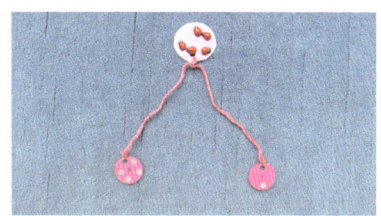

图 2-217　观察小叶子上的点点

③按参照板上灰色小点点的提示，让4只瓢虫飞到小叶子上（见图 2-218）。

图 2-218　4 只瓢虫落脚

图 2-219　1 只瓢虫落脚

④让 1 只瓢虫飞到另一片小叶子上（见图 2-219）。

图 2-220　解说 5 的分解图

⑤解说分解图，说"5 可以分成 4 和 1"（见图 2-220）。

图 2-221　继续操作

⑥按上面的步骤完成其他方法的分解过程，并做记录（见图 2-221）。

（6）适宜年龄：4—5 岁。

（7）错误控制：参照板上有灰色的小点点。

（8）注意事项：教师要引导幼儿仔细观察参照板。

（9）变化延伸：用这个方法可以感知 6 的分解、7 的分解等数的分解方式。

（10）活动反思：

①用"瓢虫"这个载体能引起幼儿探究的兴趣。

②叶子上贴有灰色的小点点，起到了很好的指引作用。

③"大叶子"与"小叶子"之间用线连接，巧妙地帮助幼儿理解了整体与部分之间的关系。

案例 2-29

（1）活动名称：青蛙跳。

（2）活动目标：

①喜欢数学活动，在动手操作中体验数学活动带来的快乐。

②学习 5 以内数的分解，初步建立数的分解概念，感知整体与部分的关系。

③能不断探索出数的多种分解方法，发展思维的灵活性。

（3）材料解读：

①用泡沫地垫切割一块池塘底板，在上面画三片荷叶。上面一片大荷叶摆放总数，下面两片小荷叶摆放部分数，三片荷叶用分解号连起来。

②在底板的上方连接一只青蛙和 5 以内的数字卡，幼儿可以自主选择要分解的数字。

③小青蛙选用卡通的青蛙橡皮擦，可以清洗和反复使用。

（4）材料构成（见图 2-222 和图 2-223）：

①青蛙 5 只，池塘底板，数字卡，记录单，垫板，铅笔。

②托盘，小碟，铅笔袋。

图 2-222　材料构成 1

图 2-223　材料构成 2

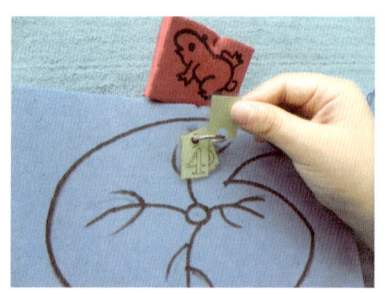

图 2-224　随机选择总数 4

（5）操作步骤：

①翻看活页数字卡，自主选择一个数字进行分解，如 4（见图 2-224）。

图 2-225　按数取 4 只青蛙

②根据数字卡的提示，从小碟中取出 4 只青蛙（见图 2-225）。

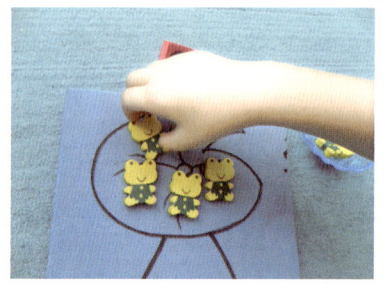

图 2-226　青蛙跳到大荷叶上

③将 4 只小青蛙摆放在大荷叶上（见图 2-226）。

图 2-227　青蛙跳到两片小荷叶上

④尝试让青蛙分别跳到下面的两片小荷叶上（见图 2-227）。

⑤分完后,说"4可以分成2和2"(见图2-228)。

图 2-228　4 可以分成 2 和 2

⑥在记录单上记录这一次的操作结果(见图2-229)。

图 2-229　记录操作结果

⑦自由探索,看看4还有什么不同的分解方法并记录结果。

⑧以此方法选择其他数字练习数的分解并记录结果。

(6)适宜年龄:4—5岁。

(7)错误控制:活页上的数字卡决定取青蛙的总数。

(8)注意事项:

①教师要注意提醒幼儿每一次都必须将大荷叶上的小青蛙分解完。

②分解过的方法不用重复登记到记录单上。

(9)变化延伸:

①可以尝试6—10中任何一个数的分解与组合。

②引导幼儿探索分解与组合的规律。

(10)活动反思:

①颜色鲜艳、形象可爱的青蛙橡皮擦易引起幼儿的关注。

②幼儿能够在游戏中理解5以内数的几种分解方法。

③教师要提醒幼儿每一次都必须将大荷叶上的小青蛙分解完并及时做记录。

> **案例 2-30**

（1）活动名称：加法珠。

（2）活动目标：

①萌发对加法活动的兴趣，增强学习数学的自信心。

②理解加法的含义，学习 10 以内的加法运算。

③能看算式进行独立的操作，能有序地操作和准确地计算。

（3）材料解读：

①用漂亮的绿色和粉色珠子代表两个加数，以引起幼儿操作的兴趣。

②用一根丝带将 5 颗绿珠和 5 颗粉珠串起来，两头加上扣环打结，防止珠子松脱，在丝带的中间位置做上记号。

③记录单设计成两用的：会写数字的幼儿可以直接书写答案，不会写数字的幼儿可以剪贴下面的答案。

（4）材料构成（见图 2-230 和图 2-231）：

①绿珠和粉珠各 5 颗，丝带，记录单，油性笔，垫板。

②托盘，小布袋，文件袋。

图 2-230　材料构成 1

图 2-231　材料构成 2

（5）操作步骤：

①从小布袋中取出绿珠串，并分别把绿色、粉色的珠子拨到绿丝带两端（见图 2-232）。

图 2-232　将绿、粉珠拨到两端

②取一张记录单，夹在垫板上，指读加法算式：1＋1＝……（见图 2-233）。

图 2-233　指读加法算式

③按照算式的提示，拨动珠串，先将 1 颗绿珠从左边向右拨到丝带中间（见图 2-234）。

图 2-234　把绿珠拨到丝带中间

④再将 1 颗粉珠从右边向左也拨到丝带中间（见图 2-235）。

图 2-235　把粉珠拨到丝带中间

图 2-236　算一算 1＋1

⑤完成后，数一数中间的绿珠、粉珠的总数，说"1＋1＝2"（见图 2-236）。

图 2-237　做记录

⑥将计算结果记录下来（见图 2-237）。

⑦把中间的珠子拨回两端。以此方法重新开始其他题目的运算。

（6）适宜年龄：4—5 岁。

（7）错误控制：

①用两种颜色的珠子区分加号两边的加数。

②在丝带的中间有标记线，将两边的珠子拨到标记线才算完成。

（8）注意事项：在幼儿描写数字时教师要提醒幼儿注意握笔和书写姿势。

（9）变化延伸：

①记录单上的加法算式由易到难。

②可与同伴合作游戏，一人拨珠子出题，一人计算和记录。

（10）活动反思：

①用"看加法算式题，由绳的两端向中间拨珠，数中间珠子总数"的方法来计算加法题的和，方法简洁明了，幼儿容易掌握。

②把两种颜色的珠子分别放在绳的两端，幼儿不容易混淆加号左右两边

的数字。

③ 5 颗绿色珠和 5 颗粉红色珠,限制了两端的加数不大于 5。如果要做加数大于 5 的加法题(10 以内),可调整操作材料:把绳子换成一样长的红色绳子与蓝色绳子,两条绳连接,连接处表达加起来("+"),珠子换成 10 颗一样颜色的珠子,穿在绳子上。

案例 2-31

(1)活动名称:神秘数字。

(2)活动目标:

①通过抽神秘数字找相应数量的游戏,萌发了解加法含义的兴趣。

②通过点数加法图示中物体的数量,理解加法的含义。

③能根据错误控制板的提示,核对并修正答案,发展独立思考的能力。

(3)材料解读:

①根据幼儿爱玩神秘游戏的特点,精选能藏住数字的神秘盒以及简洁明了的图像加法板作为操作材料,以引起幼儿操作的兴趣。

②错误控制板上有与题板对应的数字标识。

(4)材料构成(见图 2-238 和图 2-239):

①装数字的神秘盒 1 个,加法题板(图示形式)4 张,错误控制板 4 张。

②托盘 1 个,盒子 1 个。

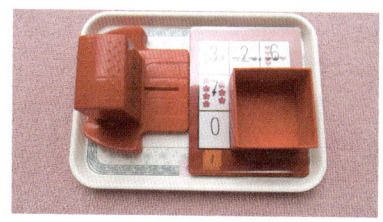

图 2-238 材料构成 1

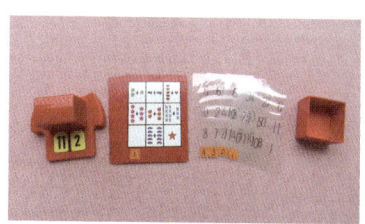

图 2-239 材料构成 2

图 2-240　点数方格中的物体数量

（5）操作步骤：

①取出一张加法题板，观察、点数每一个加法题方格中的物体总数（见图 2-240）。

图 2-241　从盒中抽出数字

②从神秘盒子中抽出一个数字，这个数字是某道加法题的"和"（见图 2-241）。

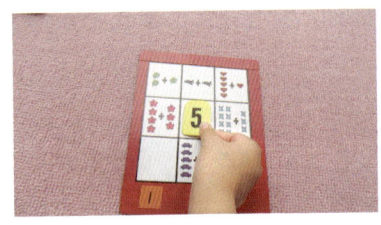

图 2-242　数字与加法题匹配

③寻找题板中哪一道加法题的"和"与这个数字相同，就把这个数字盖在相应的加法题方格上面（见图 2-242）。

图 2-243　给加法题找答案

④继续抽数字，找匹配的加法题，直到把题板中的 9 道题的答案找齐。将无法匹配的数字放在收纳盒里（见图 2-243）。

图 2-244　找出错误控制板

⑤找出错误控制板（见图 2-244）。

⑥把错误控制板盖在数字上，核查自己的答案是否有误（见图2-245）。发现有错误，就重新计算，重新找数字。

图2-245 核对答案

（6）适宜年龄：4—5岁。

（7）错误控制：错误控制板上有正确答案，错误控制板的下方有与题板一致的数字标志。

（8）注意事项：教师要引导幼儿仔细观察错误控制板。

（9）变化延伸：可以两人各拿一张题板做题，比一比谁的正确率高，以此提高幼儿做加法题的兴趣。

（10）活动反思：

①用点数加法题中被加数与加数合起来的总量的方法来理解加法的含义，使学习加法运算变轻松。

②表示加法题的"和"的数字藏在红色的盒子里，增加了神秘感；滑动盒子露出数字的过程增加了游戏的趣味性。

③当幼儿在操作过程中出现困难时，教师可把题卡板的题量适当减少至3题或6题。

案例2-32

（1）活动名称：个位、十位和百位。

（2）活动目标：

①喜欢操作认识数位的活动材料，愿意与同伴分享操作的过程和结果。

②初步感知数的个位、十位和百位，理解数位之间的关系。

③知道数位的重要性，能将简单的数位知识运用到生活中。

（3）材料解读：

①自制一个数位板，分别在个位、十位和百位的顶端粘贴上绿色、蓝色

和红色的即时贴。

②在三角块上也粘贴绿、蓝、红三种颜色的即时贴，上面写上数字1、10、100，分别表述个位、十位和百位。

③将数字卡片过胶、打孔，制作成一本数字小书。

（4）材料构成（见图2-246和图2-247）：

①数位板1块，个位、十位、百位的三角块各10块，数字小书1本。

②托盘，小饰盒。

图2-246 材料构成1

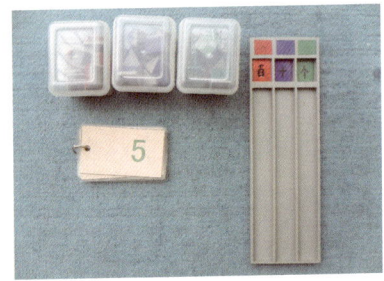

图2-247 材料构成2

图2-248 认识数位板

（5）操作步骤：

①观察数位板，认识个位、十位和百位（见图2-248）。

图2-249 指读"181"

②翻开个位、十位、百位数字小书，指读其中一个数字"181"（见图2-249）。

③根据数字"181"的颜色和数量指示,将1个绿色三角块摆放在个位数下面的凹槽中(见图2-250)。

图2-250 先摆放个位数"1"

④再取8块蓝色三角块,逐一摆放在十位数下面的凹槽中(见图2-251)。

图2-251 再摆放十位数"80"

⑤最后取1块红色三角块,摆放在百位数下面的凹槽中(见图2-252)。

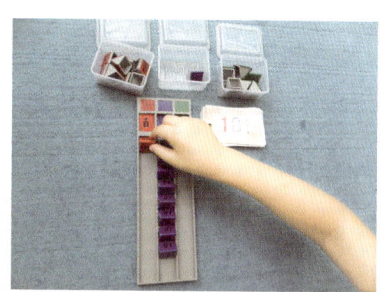

图2-252 最后摆百位数"100"

⑥全部完成后,手指摆好的三角块,读一读"181"(见图2-253)。

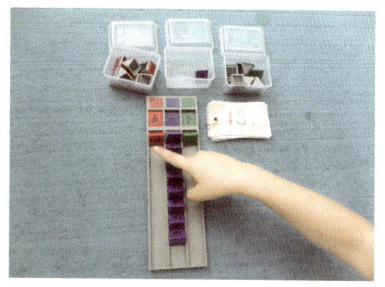

图2-253 读数位板上的"181"

(6) 适宜年龄：4—5岁。

(7) 错误控制：三角块的颜色，数位板上的个位、十位、百位的颜色与数字小书上的数字颜色一致。

(8) 注意事项：

①数字小书上的数字由个位到百位，由易到难。

②教师要提醒幼儿在摆放三角块时按照"个位→十位→百位"的顺序进行。

(9) 变化延伸：

①教师引导能力强的幼儿认识千位、万位等。

②投放认识数位的记录单。

(10) 活动反思：

①在数位板的个位、十位和百位贴上绿色、蓝色和红色的即时贴，以方便幼儿理解位数。

②在三角块上也粘贴绿、蓝、红三种颜色的即时贴，上面写上数字1、10、100，以便于幼儿操作。

③提醒幼儿摆放三角块时应按照"个位→十位→百位"的顺序进行。

第三节　大班数学区

在介绍大班数学区时，我们选取了深圳市莲花二村幼儿园17年区域探索成果中的精华，荟萃了我园在中国化、本土化材料设计和制作中的优秀案例，向读者展示我园如何在大班数学区提供丰富而科学的材料，使大班幼儿通过探索提升学习品质、改善常规习惯，为幼小衔接做好充足的准备。

一、大班数学区设计思路

基于大班幼儿的专注力、探索精神、任务意识等学习品质已初步形成，教师在设计与投放大班数学区材料时，以培养幼儿的抽象逻辑思维，引导幼儿运用已有数学知识经验解决生活中的问题为主。同时，教师也根据大班幼儿即将走出幼儿园，进入小学这一特点，加入许多有关幼小衔接的材料，如为幼儿的前书写做准备的"描写数字"，为幼儿小学生活做准备的"人民币换算"——初步掌握人民币不同面额之间的换算、认识基本币种，等等，而口编应用题则是幼小衔接的重要内容，能够为幼儿进入小学打好基础。大班数学区的材料设计与投放，能够很好地帮助大班阶段的幼儿解决数学学习中遇到的难题，并立体地帮助幼儿实现在此阶段的成长。

二、大班数学区活动导航

大班幼儿是从游戏阶段向学校阶段转折的关键时期，通过大班数学区导航图（见图2-254）不难看出，随着幼儿抽象逻辑思维的发展，大班数学区的材料以知识性内容为主，幼儿通过操作经典的学具，挑战自身的学习潜能，获得认知能力的发展。

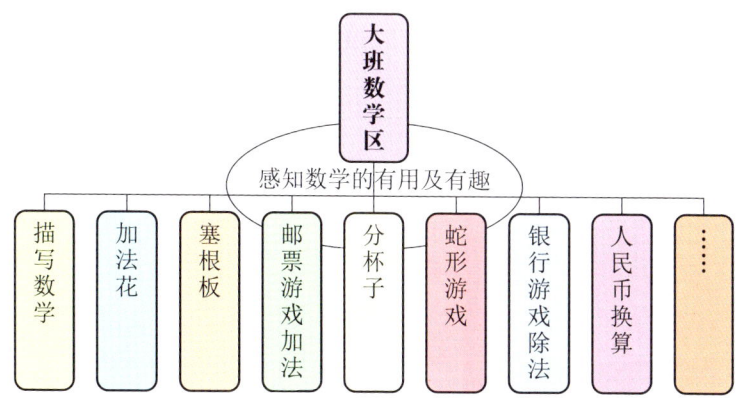

图2-254　大班数学区导航图

三、大班数学区材料案例

案例 2-33

（1）活动名称：描写数字。

（2）活动目标：

①萌发对书写数字的兴趣，形成良好的书写姿势和习惯。

②初步掌握数字的书写笔顺，尝试描写数字0—9。

③发展前书写能力，锻炼对手的控制能力。

（3）材料解读：

①采用较硬的卡纸制作0—9的数字临摹板，每个数字都用箭头和编号注明书写的笔顺和笔画。

②为了便于幼儿操作和反复使用，可以将数字临摹板分成两张（0—4和5—9），并过胶保存。

③提供透明的临摹纸描写数字，使幼儿能看清数字。

（4）材料构成（见图2-255）：

①数字临摹板2张，透明临摹纸2张，垫板1块，油性笔1支。

②托盘，文具盒。

图 2-255　材料构成

（5）操作步骤：

①将书写的材料全部从托盘中取出来（见图2-256）。

图 2-256　取出材料

②认读数字0—4，将数字临摹板夹在垫板上（见图2-257）。

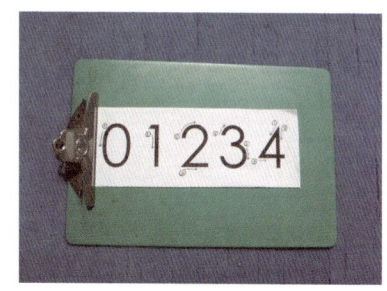

图2-257　夹好数字临摹板

③用右手食指按照箭头和编号的顺序描画（见图2-258）。

图2-258　用手指描画数字

④将透明的临摹纸压在临摹板上，用夹子固定（见图2-259）。

图2-259　夹上透明的临摹纸

⑤握好笔，按正确的笔顺和笔画书写数字0—4（见图2-260）。

图2-260　按笔顺书写数字

图 2-261　描写数字 5—9

⑥按此方法书写 5—9（见图 2-261）。

图 2-262　欣赏和认读

⑦取下临摹纸，欣赏和认读书写好的数字（见图 2-262）。

（6）适宜年龄：5—6 岁。

（7）错误控制：临摹板上注明了书写数字的笔画和笔顺。

（8）注意事项：

①教师要引导幼儿以正确的坐姿和握笔姿势来书写数字。

②对于左手写字的幼儿，教师应注意提醒幼儿书写的方向。

（9）变化延伸：在描红本上书写数字。

（10）活动反思：

①虽然临摹板上注明了书写数字的笔画和笔顺，能指引幼儿按照笔画顺序书写，但是在操作的过程中，有些幼儿书写数字时仍然出现笔顺错误，教师应及时介入，引导幼儿仔细观察，观察笔画的起点和箭头的方向，并细心、耐心地书写。

②由于数学区设在睡房里，是在地面上铺上地毯进行的，在书写数字的过程中，有的幼儿喜欢把垫板放在地毯上，趴在地上写，采用了不正确的书

写坐姿和不正确的握笔姿势,所以我们建议把这项活动安排在桌面上进行,让幼儿坐在小椅子上完成。教师要特别关注幼儿的坐姿及握笔姿势,并及时给予纠正。

案例 2-34

(1) 活动名称:彩色串珠10的合成。

(2) 活动目标:

①乐意通过动手操作,感知自然数的合成规律。

②学习10的合成,感知总数与部分数之间的关系。

③能运用已有的数学活动经验进行分析和推理。

(3) 材料解读:

①将10颗金色珠子串成一串代表总数10,幼儿在操作10的合成时,可以把金色串珠10作为参照物。

②彩色串珠1—4、6—9(珠子的数量分别为1、2、3、4、6、7、8、9)各1串,有5颗珠子的彩色串珠需要2串,用于操作5和5合成10。

③自制一个数数用的钩子,钩子不宜太长,弯头的大小和彩珠一样大。

(4) 材料构成(见图2-263):

①彩色串珠1—4、6—9各1串,有5颗珠子的彩色串珠2串,有10颗珠子的金色串珠5串,数珠钩1个,合成卡。

图 2-263 材料构成

②托盘,化妆袋,小化妆盒。

(5) 操作步骤:

①取出材料散放在地毯上(见图2-264)。

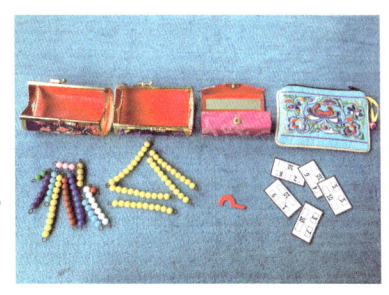

图 2-264 摆放材料

图 2-265　给彩色串珠排序

②用数珠钩点数彩色串珠，并按照 1—9 的顺序排序（见图 2-265）。

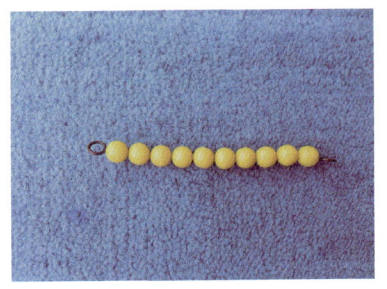

图 2-266　取出金色串珠 10

③取出一串金色串珠，用数珠钩点数，说一说："这是 10。"（见图 2-266）

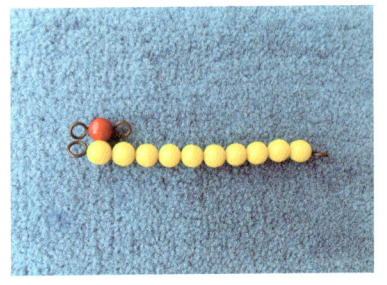

图 2-267　摆放彩珠 1

④将彩珠 1 摆放在金色串珠的左上方（见图 2-267）。

图 2-268　摆放彩色串珠 9

⑤取彩色串珠 9，接着放在彩珠 1 的右边（见图 2-268）。

⑥用数珠钩数一数，说一说："1 和 9 合起来是 10。"

⑦把1和9合成10的卡片摆放在金色珠和彩珠旁边（见图2-269）。

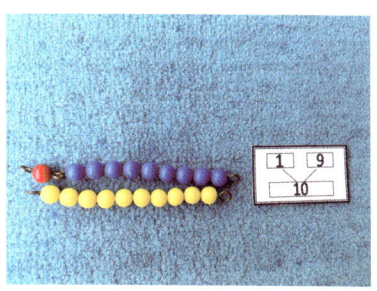

图2-269　摆合成卡

⑧以此方法完成其他几组10的合成（见图2-270）。

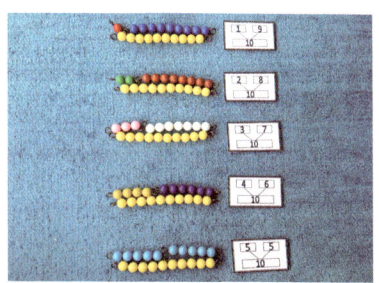

图2-270　依次完成

（6）适宜年龄：5—6岁。

（7）错误控制：金色串珠10是几组合成串珠的参照物。

（8）注意事项：教师要引导幼儿发现规律，按照左边多1，右边少1的顺序组合彩色串珠。

（9）变化延伸：投放10的合成记录单，让幼儿将操作的结果记录下来。

（10）活动反思：

①彩色串珠10的合成这个游戏，要求幼儿能按数取量，并能把两部分的数合成10，因此，幼儿操作这份材料应建立在10以内数量对应及排序的概念认知的基础上，教师应当了解幼儿的这一认知水平，适时地引导幼儿。

②按合成数卡取彩珠时，有个别幼儿会出现取错彩珠的情况，此时教师要及时介入，引导幼儿注意观察，细心、耐心地点数，并了解金色串珠10作为参照物可以用来进行检验。

③完成操作后，有些幼儿在收拾整理材料的时候，喜欢把彩珠抓握在手

心里，这样彩珠特别容易丢失，而且容易损坏，幼儿也会养成不爱惜材料的不良习惯，教师要关注幼儿收拾整理的环节，引导他们正确地取放彩珠。

案例 2-35

（1）活动名称：加法花。

（2）活动目标：

①主动探索与手工活动相结合的加法游戏，体验数学活动的乐趣。

②学习5的加法，知道加号前后的两个加数互换位置得数不变。

③善于发现加法运算的规律，提高心算的准确性和敏捷性。

（3）材料解读：

①选择一个立体的不锈钢花架，花瓣之间留有缝隙，可以拼插进卡片。

②自制一套得数为5的加法算式花瓣，5瓣花的背面都标注了得数，并将花瓣过胶保存。

（4）材料构成（见图2-271）：

①不锈钢花架，算式花瓣6瓣，数字5的花芯，记录单，铅笔。

②托盘，作业袋。

图 2-271　材料构成

（5）操作步骤：

①将所有的材料从托盘中取出来（见图2-272）。

图 2-272　取出材料

②认读算式花瓣,边读边心算结果,并将花瓣排成一列(见图2-273)。

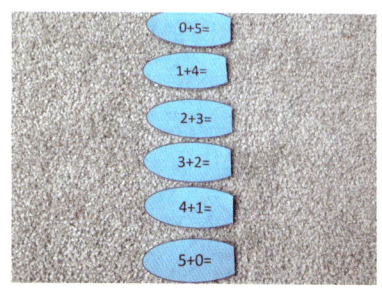

图 2-273 心算排队

③找出算式花瓣的共同得数 5 并指读(见图 2-274)。

图 2-274 指读得数 5

④把得数 5 粘贴到花架中间的花芯位置(见图 2-275)。

图 2-275 贴花芯

⑤取算式花瓣 0 + 5,再次口算后将花瓣插在花架上(见图 2-276)。

图 2-276 插算式花瓣

图 2-277　找交换规律

⑥依次把其他算式花瓣分别插在花架上，并找出加法算式的交换规律（见图2-277）。

图 2-278　记录算式

⑦把操作结果记录下来（见图2-278）。

（6）适宜年龄：5—6岁。

（7）操作提示：每片花瓣的背后都有得数5。

（8）注意事项：

①当幼儿将算式花瓣插在花架上时，教师要引导幼儿观察算式，找出加法算式的交换规律。

②教师要提示幼儿记录完一次算式，就将加法花往逆时针方向转动一片花瓣，保证每个算式的"＝"后面是得数5，正确书写算式。

（9）变化延伸：增加投放得数为6、7、8、9的加法花，并用颜色加以区别。

（10）活动反思：

①这份材料让幼儿把得数为"5"的加法算式花瓣分别插在花架上，原本枯燥的加法算式变得有趣而美观，激发了幼儿的操作兴趣。

②在操作过程中，有些幼儿急于把花瓣直接插在花架上，而忽略了认读

或口算、心算的过程，教师应当引导幼儿认读并注意观察，找出加法算式的交换规律。

③教师可以把材料布置成花园的场景，投放得数为6、7、8、9的加法花，用颜色加以区别，让能力强的幼儿操作更多的加法花。

案例2-36

（1）活动名称：加法板。

（2）活动目标：

①在观察和操作中体会加法活动的趣味性。

②感知加法算式表达的数量关系，进一步理解加法的含义。

③能清楚地表述自己的运算过程，提高加法运算能力。

（3）材料解读：

①操作板：长方形木板，上面画有横向18格、纵向12格的方格。

②方格上端写1—18的阿拉伯数字（1—10是红字，11—18是蓝字），10的旁边画一条纵向的红色分隔线。

③定规尺：红色和蓝色木条尺子各9把，每把尺子标有规定的尺寸，分别为1—9，尺子的右端标有与尺寸相同的数字及刻度。

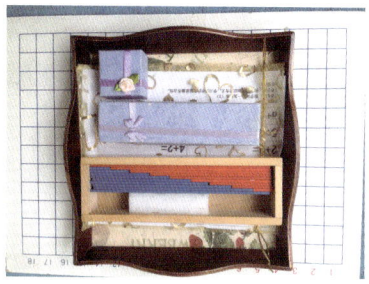

图2-279　材料构成

（4）材料构成（见图2-279）：

①操作板1块，红蓝定规尺各9把，加法算式记录单，钥匙圈，铅笔。

②托盘，布袋，笔盒。

（5）操作步骤：

①取出操作板，将红蓝定规尺散放在操作板下方（见图2-280）。

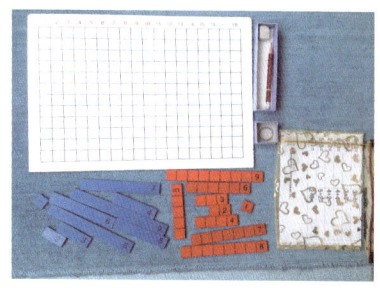

图2-280　取出材料

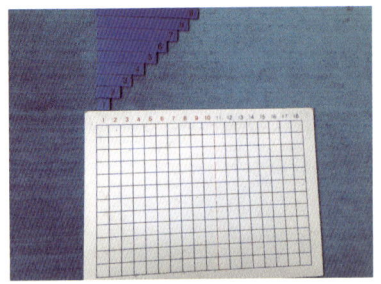

图 2-281　排列蓝色定规尺

②把蓝色定规尺按 9—1 的顺序摆放在操作板的左上方（见图 2-281）。

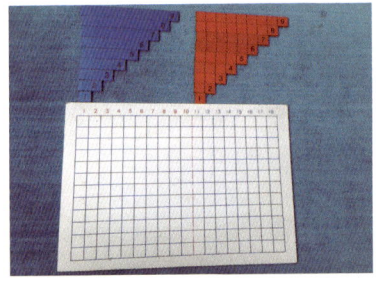

图 2-282　排列红色定规尺

③把红色定规尺按 9—1 的顺序摆放在操作板的右上方（见图 2-282）。

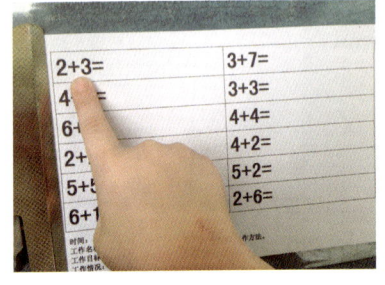

图 2-283　指读算式

④取出一张记录单，指读记录单上的算式"2＋3＝"（见图 2-283）。

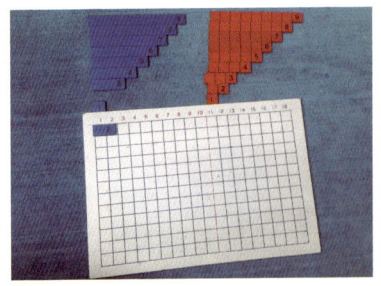

图 2-284　摆放加号前面的加数

⑤根据算式的提示，将蓝色定规尺 2 放于操作板左上方的两个方格中（见图 2-284）。

⑥接着取红色定规尺3（加数）摆放在2（加数）的后面，取钥匙圈把方格上端的数字5（和）圈起来（见图2-285）。

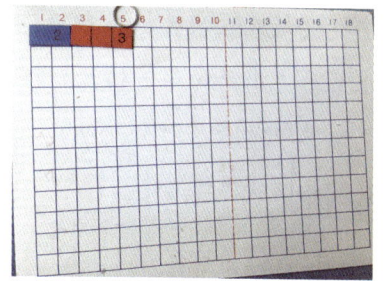

图2-285　摆放加号后面的加数

⑦记录计算的结果（见图2-286）。

图2-286　记录计算结果

⑧依次运算记录单上的所有加法算式。

（6）适宜年龄：5—6岁。

（7）错误控制：红蓝定规尺最右端对应的数字表示两个加数的和。

（8）注意事项：

①每完成一个算式，要把红蓝定规尺归还原位。

②教师要提醒幼儿，将红蓝定规尺摆放在操作板上时，一定要从左上角的第一格开始。

（9）变化延伸：

①计算10以内的加法。

②从简单的有规律运算到无规律运算。

（10）活动反思：

①分别代表两个数量的红蓝定规尺，在操作板上相加摆放后就能直观地看到两个数量相加的得数，这可以使幼儿更直观地了解数的组合及结果，增强幼儿数的概念，促进其计算能力的发展。

②幼儿在操作的过程中，往往喜欢拿到定规尺就随意摆放在操作板上，没有从左上角的第一格开始摆放，从而造成得数不正确。在幼儿的操作过程中，教师应当及时引导幼儿或者在操作板左上角第一格的上方做指引记号，让幼儿能够正确地找到摆放位置。

案例 2-37

（1）活动名称：塞根板1。

（2）活动目标：

①萌发对连续数数的兴趣。

②认识连续数11—19，理解连续数的顺序关系和组合形式。

③获得有关数学概念的感性经验，提高思维的灵活性。

（3）材料解读：

①提供2块长条木板，每块木板带有5格分隔槽，每格分隔槽里都印有数字"10"，槽内可以插进数字板。

②1—9数字板的厚度、大小刚好能插进分隔槽中。

③一串金色珠代表一个"10"；1—9的彩色串珠分别为红色、绿色、粉色、土黄色、浅蓝色、紫色、白色、棕色、深蓝色，珠子的数量分别为1、2……9个。

图 2-287　材料构成

（4）材料构成（见图2-287）：

①塞根板2块，数字板9块，彩色串珠1—9，金色串珠9串。

②托盘，小化妆盒。

（5）操作步骤：

①取出两块塞根板，竖着摆放成一列（见图2-288）。

图 2-288　竖排两块塞根板

②把数字板 1 摆放在塞根板右侧与第一个 10 对齐（见图 2-289）。

图 2-289　把数字板 1 摆在右侧

③按由上至下的顺序，把数字板 1—9 排列在塞根板右侧（见图 2-290）。

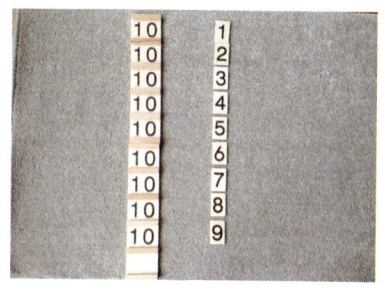

图 2-290　排列数字板

④把金色串珠摆放在塞根板右侧，和数字 10 对齐（见图 2-291）。

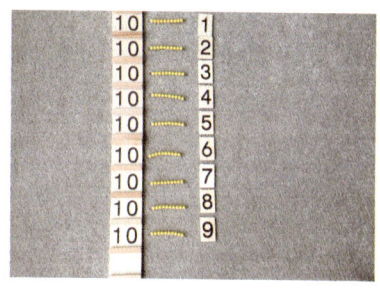

图 2-291　摆放金色串珠

⑤将彩色串珠 1—9 对应摆放于数字板右侧（见图 2-292）。

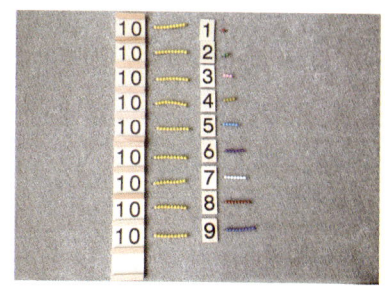

图 2-292　摆放彩色串珠 1—9

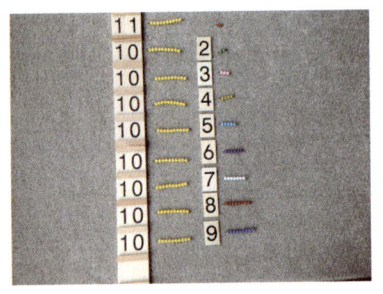

图 2-293　把数字板 1 插进分隔槽

⑥把数字板 1 插进第一格 10 的分隔槽中组合成数字 11，并把彩珠 1 摆到金色串珠 10 的右边（见图 2-293）。

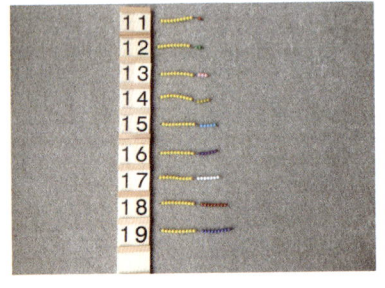

图 2-294　全部完成

⑦以此方法逐一完成连续数字 11—19 的组合（见图 2-294）。

（6）适宜年龄：5—6 岁。

（7）错误控制：彩色串珠的一种颜色代表一个数量，也是数字排序的隐性错误控制。

（8）注意事项：教师要提醒幼儿在操作中从右面插进数字板，覆盖住个位的 0，保证组合的数字为 11—19。

（9）变化延伸：可增加记录单，通过给彩珠和金色珠涂色，或记录组合的数字，巩固对连续数 11—19 的认识。

（10）活动反思：

①这份材料，通过个位数与 10 的操作木板的组合，结合金色珠和彩色串珠的组合，拼成连续数 11—19，幼儿可以非常直观地了解连续数的组合形式，掌握数字与数名和数量的结合，以及排列和顺序关系。操作这份材料，幼儿应在掌握 1—10 的数概念及彩色串珠的数量与数名关系的基础上进行。

②幼儿在操作的过程中，非常容易把"10"的操作板放反，变成"01"，这是由于大班幼儿辨别物体空间方位的能力仍不成熟，或者幼儿存在感觉统合失调或对数字的认知仍有待加强。基于这些情况，教师应注意观察，深入了解原因，进一步帮助幼儿。

案例 2-38

（1）活动名称：塞根板2。

（2）活动目标：

①萌发对数的组合变化的兴趣，愿意探究数的组合变化规律。

②在连续数11—19的基础上，学习连续数11—99的组合及数量关系。

③能够迁移以往获得的相关经验，解决数学活动中的问题。

（3）材料解读：

①提供2块长条木板，每块木板带有5格分隔槽，分隔槽里从上至下印有数字10—90，槽内可以插进数字板。

②1—9数字板的厚度、大小刚好能插进分隔槽中。

③一串金色珠代表一个"10"；1—9的彩色串珠分别为红色、绿色、粉色、土黄色、浅蓝色、紫色、白色、棕色、深蓝色，珠子的数量分别为1、2……9个。

图 2-295　材料构成

（4）材料构成（见图2-295）：

①塞根板2块，数字板9块，彩色串珠1—9，金色串珠45串。

②托盘，小化妆盒。

（5）操作步骤：

①取出两块塞根板，按10—90的顺序竖着摆放（见图2-296）。

图 2-296　摆放塞根板 10—90

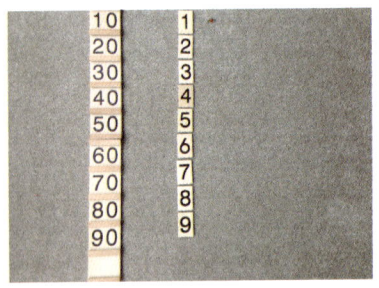

图 2-297　排列数字板 1—9

②把数字板 1—9 由上至下排列在塞根板的右侧（见图 2-297）。

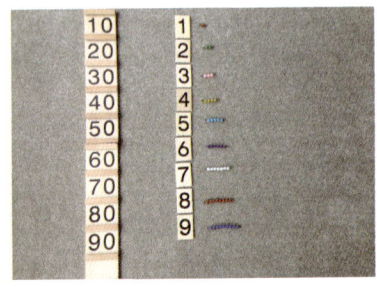

图 2-298　摆放彩色串珠 1—9

③取彩色串珠 1—9 对应摆放于数字板 1—9 的右侧（见图 2-298）。

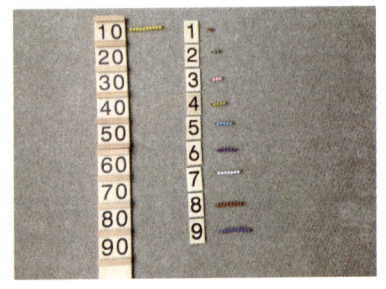

图 2-299　摆放金色串珠 10

④根据塞根板上的数字提示，取金色串珠 10 摆放于数字 10 的右侧（见图 2-299）。

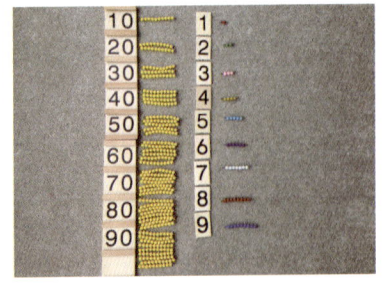

图 2-300　摆放金色串珠 20—90

⑤逐一按数量摆放金色串珠 20—90（见图 2-300）。

⑥把数字板1插进第一格10的分隔槽中组合成数字11，并把彩珠1摆到金色串珠10的右边（见图2-301）。

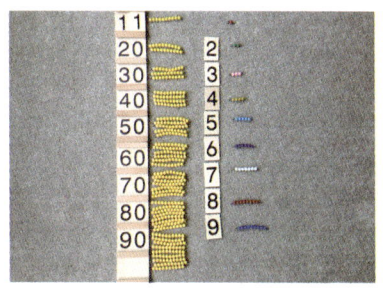

图2-301　把数字板1插进分隔槽

⑦以此方法，逐一完成连续数字11—99的组合（见图2-302）。

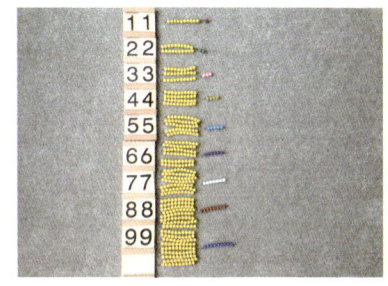

图2-302　依次摆放数字11—99

（6）适宜年龄：5—6岁。

（7）错误控制：

①塞根板上是按数字排序。

②彩色串珠的一种颜色代表一个数量，也是数字排序的隐性错误控制。

（8）注意事项：

①教师要引导幼儿在操作中发现数字组合的规律。

②这份材料中的金色串珠比较多，教师要提醒幼儿按数量取金色串珠。

（9）变化延伸：可增加记录单，通过给记录单上的彩色串珠和金色串珠涂色或记录组合的数字，巩固对连续数11—99的认识。

（10）活动反思：

①塞根板2活动，是建立在幼儿对连续数11—19的认知的基础上，让幼儿掌握11—99的数字、数名及数量的结合。与塞根板1相比，塞根板2数量增加了，金色串珠的投入也增多了，十位数与个位数的组合都有了变化，这

不仅考验幼儿对数概念的掌握,而且有助于培养他们良好的学习态度。

②幼儿在操作的过程中,急于把各组十位与个位的数字组合起来,直接摆上金色串珠和彩色串珠。教师应该及时引导幼儿先取数字,再取数量,最后进行组合。这个过程可以让幼儿更加直观地了解十位数与个位数的组合变成另一个数字,进一步掌握数的集合概念。

案例 2-39

(1)活动名称:邮票游戏加法。

(2)活动目标:

①萌发对加法活动的兴趣,愿意分享自己在活动中的感受。

②增进对数位的理解,学习大数的不进位加法运算。

③通过自我检查和纠错,培养学习数学的自主性。

(3)材料解读:

①木制邮票盒里装有绿色、蓝色、红色三色木块邮票,其中绿色表示个位、蓝色表示十位、红色表示百位、绿色表示千位。定位小人和杯子也用绿色、蓝色、红色、绿色,分别代表个位、十位、百位、千位。

②自制一块方布,缝制个、十、百、千的分格线,可让幼儿更直观地区分数位。

③用一根红色的绸带,放在竖式加法下面作为分界线,用来表示等号。

④制作竖式加法题目集,过胶装订成小书。

(4)材料构成(见图 2-303):

①邮票 1 盒,大小数卡各 1 套,印有"+"的方布,红绸带,绿色、蓝色、红色杯子各 1 个。

②大小竹篮,小布包。

图 2-303　材料构成

（5）操作步骤：

① 把方布平铺在地毯上，在方布上方的数位格中摆放定位小人，从右向左依次为：个位——绿色、十位——蓝色、百位——红色、千位——绿色（见图2-304）。

图 2-304　铺方布和定位小人

② 翻开加法小书，指读题目，随机挑选一题"546＋352＝"（见图2-305）。

图 2-305　指读加法题

③ 用三种颜色的杯子分别取出加数546的邮票，对应摆放在定位小人的下方（见图2-306）。

图 2-306　取加数546的邮票

④ 在邮票的下方匹配上小数卡500、40、6（见图2-307）。

图 2-307　匹配小数卡

⑤用同样的方法取出加数352的邮票和小数卡（见图2-308）。

图2-308　取352的邮票和小数卡

⑥摆上红绸带，从个位开始，把相同颜色的邮票合起来放在红绸带下方，两个加数相加（见图2-309）。

图2-309　从个位起合并两个加数

⑦数一数各种邮票的数量，取出大数卡898表示得数（见图2-310）。

⑧翻看题目背面核对答案，将数卡重叠摆放成完整的加法算式。

图2-310　用大数卡表示得数

（6）适宜年龄：5—6岁。

（7）错误控制：各数位用颜色区分，题目的背面标注了答案。

（8）注意事项：

①此活动要在幼儿已经熟练掌握数位和竖式加法的基础上进行。

②教师要提醒幼儿在操作中用三色杯子取邮票，避免拿错颜色。

(9)变化延伸:增加邮票游戏加法的记录单。

(10)活动反思:

①这个活动运用邮票让幼儿了解不进位加法运算,增强定位计算的概念。操作这份材料之前,幼儿应先完成看数取量的材料,如认读百位数或千位数,按数字取各数位的量。建立在这个基础上,幼儿再操作这份材料时,数位对应进行计算的概念就更加清晰了。

②看数取邮票对于培养幼儿的记忆力非常有帮助,看数、读数,再根据数字去取相应量的邮票,然后再取相应的数卡,很多记忆力强的幼儿都可以做到一次完成,而记忆力稍弱或者数概念未建立的幼儿就需要多次才能取完一个百位数字的邮票和数卡。教师在这个过程中应当引导幼儿认读并有意识地记住这个数字,使幼儿的有意记忆能力增强。

案例 2-40

(1)活动名称:红蓝棒 10 的分解。

(2)活动目标:

①对数的分解组合感兴趣,愿意独立完成操作活动。

②学习 10 的分解,了解数分解的递增递减规律及部分数互换位置总数不变。

③能准确表述和记录操作结果,提高比较分析能力和推理能力。

(3)材料解读:

①红蓝棒是由红蓝相间的长条木棒 1—10 组成。

②记录单也用分解符号设计成分解的形式,既形象又有利于幼儿理解。

(4)材料构成(见图 2-311):

①红蓝棒 1 套,1—9 的数字卡片,分解式卡片 1 套,记录单,铅笔。

②托盘,盒子。

图 2-311 材料构成

图 2-312　排列红蓝棒

（5）操作步骤：

①将红蓝棒按 1—10 的顺序从下至上摆放，并配上数字卡（见图 2-312）。

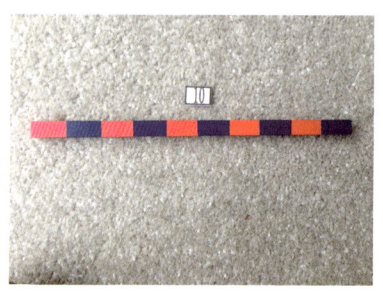

图 2-313　感知红蓝棒 10

②触摸红蓝棒 10，感知它的长度和数量，将字卡 10 摆在上方（见图 2-313）。

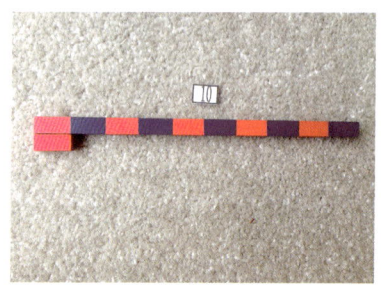

图 2-314　摆放红蓝棒 1

③取出红蓝棒 1，摆放在 10 的左下方，并配上数字卡 1（见图 2-314）。

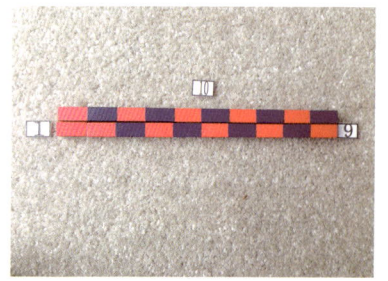

图 2-315　把 9 接在 1 的后面

④取出红蓝棒 9，接在红蓝棒 1 的后面，配上数字卡 9（见图 2-315）。

⑤取10可分成1和9的分解式卡片，摆放在红蓝棒1和9的右侧（见图2-316）。

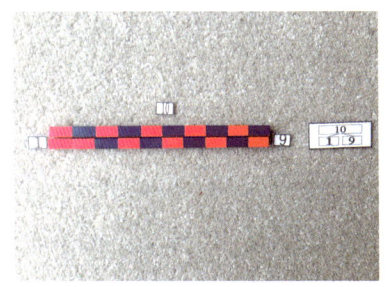

图 2-316　配上分解式卡片

⑥依次完成10的其他几组分解式，发现规律（见图2-317）。

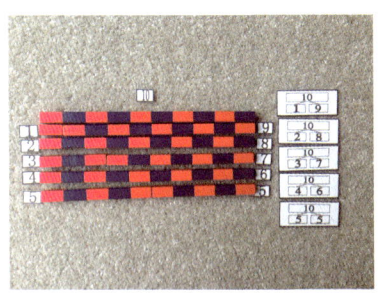

图 2-317　完成其他分解式

⑦参照操作结果，填写10的分解记录单（见图2-318）。

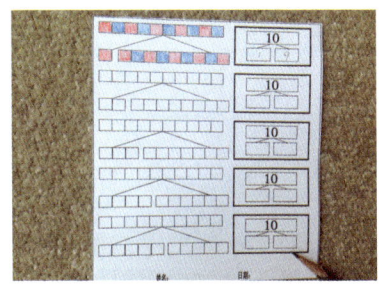

图 2-318　完成记录单

（6）适宜年龄5—6岁。

（7）错误控制：红蓝棒10是总数，也是各组分解式的参照。

（8）注意事项：教师要引导幼儿观察数棒的递增递减规律以及部分数互换位置总数不变的关系。

（9）变化延伸：用其他物品帮助幼儿练习10以内数的分解和组合。

（10）活动反思：

①这个活动让幼儿通过红蓝棒的操作，了解数量之间包含、互补和可逆

的关系，掌握10的分解概念。操作前，幼儿应先操作红蓝棒的前一层次的材料——红蓝棒与数卡对应，让幼儿掌握1—10的顺序及数名与量的结合。有了这一前期经验准备，再操作这份10的分解材料时概念将会更清晰。

②在探索的过程中，有部分幼儿能很快发现数棒的递增递减规律，知道部分数互换位置总数不变，教师应支持幼儿，鼓励幼儿探索并发现规律。

案例 2-41

（1）活动名称：分杯子。

（2）活动目标：

①感受数学与日常生活的密切联系，乐于探索数学活动。

②理解减法的含义，学习10以内的减法运算。

③通过操作活动培养独立思考能力和数学推理能力。

（3）材料解读：

① 10以内减法算式题目集共6页，每一题的背面都标注了该题的得数。

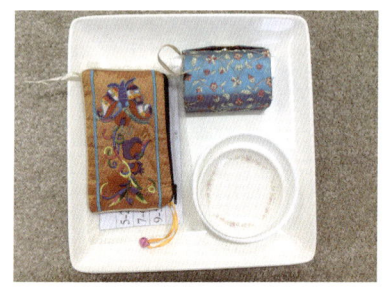

图 2-319 **材料构成**

②提供一个大碟子和一个小碟子，大碟子放被减数，小碟子放减数。

（4）材料构成（见图2-319）：

①小瓷杯10个，10以内减法算式题目集，记录单，铅笔。

②托盘，盒子，碟子，布袋。

图 2-320 **取出材料**

（5）操作步骤：

①将操作材料取出（见图2-320）。

②将小碟子摆放在大碟子的下方（见图 2-321）。

图 2-321　将小碟子放在大碟子下方

③翻开减法算式题目集，任选一题指读："5 － 2 ＝"（见图 2-322）。

图 2-322　读题、选题

④取 5 个小瓷杯放在大碟子里，表示被减数 5（见图 2-323）。

图 2-323　取 5 个小瓷杯

⑤从大碟子里取走 2 个小瓷杯，放在右下方的小碟子里，表示减去 2（见图 2-324）。

图 2-324　拿走 2 个小瓷杯

图 2-325　数数还剩几个小瓷杯

⑥数一数大碟子里还剩几个小瓷杯（见图 2-325）。

⑦对照题目背面的得数，检查运算结果。

⑧将运算结果记录下来，依次完成所有的减法题目（见图 2-326）。

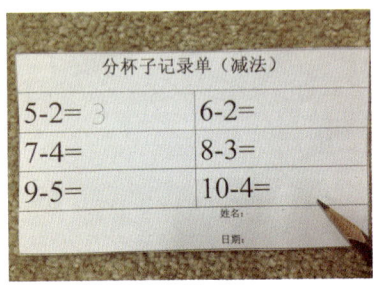

图 2-326　记录运算结果

（6）适宜年龄：5—6 岁。

（7）错误控制：减法算式题目背面标注了得数，便于幼儿进行自我检查。

（8）注意事项：此操作活动要在幼儿已认识运算符号并会书写数字的基础上完成。

（9）变化延伸：

①可让孩子把减法算式运用到生活当中，如：小组活动中有多少人，走了多少人，还剩多少人？列出算式。

②教师口述减法应用题，幼儿说出得数并列出算式。

（10）活动反思：

①迷你小瓷杯非常可爱，孩子们很喜欢，这激发了他们对学习减法算式的兴趣。操作这份材料前，幼儿应已掌握数的分解概念并对减法的算式有一定的认识。

②许多孩子喜欢把这个活动当作"办家家"的游戏,构想出一个游戏场景,边游戏边学习,知道减法就是从一个数里去掉一部分还剩多少,体验到写出精准得数后的成功感。

案例 2-42

(1) 活动名称:数数架减法。

(2) 活动目标:

①喜欢挑战有难度的数学活动,体验计算活动带来的乐趣。

②感知减法算式表达的是数量关系,学习两位数竖式减法的运算方法。

③培养思维的敏捷性和耐心细致的计算习惯。

(3) 材料解读:

①制作减法竖式题目集,题目上的个位、十位分别用绿色、蓝色表示,并与数数架上的个位、十位颜色相同,以便幼儿辨认数位,并能按数准确拨珠。

②数数架右侧标有个位、十位、百位、千位的文字标识。

(4) 材料构成(见图 2-327):

①数数架,减法竖式题目集,彩色铅笔,记录单。

②托盘,笔盒,布袋。

图 2-327 材料构成

(5) 操作步骤:

①翻看题目集,认读减法竖式,随意挑选一道题目:"34 - 22 ="(见图 2-328)。

图 2-328 选题读题

图 2-329　先拨个位珠 4

②将数数架立放，根据题目提示，先找到数数架上绿色的个位珠，从左至右拨 4 颗珠（见图 2-329）。

图 2-330　再拨十位珠 30

③指读题目集上十位数 30，然后从左至右拨 3 颗蓝色的十位珠（见图 2-330）。

图 2-331　先减去个位珠 2

④指读减数的个位数 2，从拨好的个位珠中减去 2 颗，即拨 2 颗回左边（见图 2-331）。

图 2-332　再减去十位珠 20

⑤以此方法，拨回蓝色的十位珠 2 颗，即减去 20（见图 2-332）。

⑥数一数个位和十位各剩下多少颗珠子（见图2-333）。

图2-333 数数还剩多少颗珠子

⑦翻过题目集，核对背面的答案，最后在记录单上记录计算结果（见图2-334）。

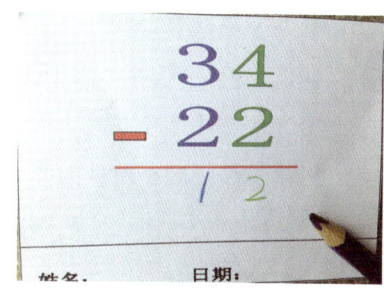
图2-334 记录计算结果

（6）适宜年龄：5—6岁。

（7）错误控制：

①题目上的数字各数位的颜色与数数架上各数位的颜色一样。

②题目集背后写有答案。

（8）注意事项：

①在活动前幼儿应先学会按数取量并认识各数位。

②教师要提醒幼儿拨被减数时从左向右拨珠子，拨减数时从右向左拨珠子。

（9）变化延伸：增加到百位数或千位数的减法。

（10）活动反思：

①这个活动让幼儿运用数数架学习竖式减法的运算方法。幼儿应在已掌握按数取量的概念，并对个位、十位的数位有一定认知的基础上，再进行此操作。教师应当注意观察，对幼儿深入了解，把握好幼儿的能力发展水平。

②由于竖式减法是以竖着的方式对应数位进行减法运算，而数数架却是横着拨各数位的珠子，这在视觉上或概念上对于幼儿的理解都会产生一定的阻碍，需要慢慢过渡到抽象中，这就要求教师引导幼儿先拨上面的数再拨下面的数，先拨个位，再拨十位，并按题目集的颜色和数数架上的颜色对应。

案例 2-43

（1）活动名称：蛇形游戏。

（2）活动目标：

①乐意与同伴分享游戏的过程、结果和收获。

②理解加减混合运算的含义和运算顺序，掌握各色串珠的替换方法。

③能够灵活运用已有的加减法知识，提高运算的准确性和敏捷性。

（3）材料解读：

①这份活动的串珠有四种，其中彩色串珠表示加数，灰色串珠表示减数，金色串珠一串表示10，黑白串珠表示得数。

②蛇形小书采用蛇的外形制作，使材料非常形象，能引起幼儿的兴趣。

③将记录单设计成空白格子，以便于幼儿自己抄写题目。

（4）材料构成（见图 2-335）：

①1—9 的彩色串珠，1—9 的灰色串珠，1—9 的黑白串珠，10 的金色串珠，蛇形小书。

②托盘，木盒子。

图 2-335　材料构成

（5）操作步骤：

①从木盒中取出黑白串珠，按1—9的顺序排序，排成阶梯状（见图2-336）。

图 2-336　给黑白串珠排序

②幼儿翻看蛇形小书，自主选择一道加减混合题，如"5＋5－2＝"（见图2-337）。

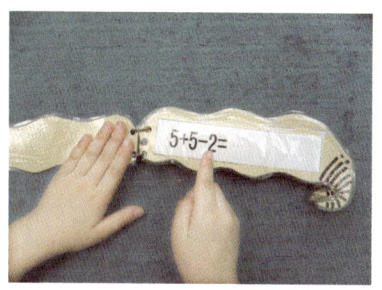

图 2-337　翻看小书并选题

③根据题目依次摆放彩色串珠和灰色串珠：蓝色串珠5＋蓝色串珠5－灰色串珠2。按蛇形摆放（见图2-338）。

图 2-338　把彩珠摆成蛇形

④从左向右点数串珠，数到10时，用金色串珠10替换彩色串珠10（见图2-339）。

图 2-339　用金珠10替换彩珠10

图 2-340　翻转减数灰色串珠

⑤遇到灰色串珠时，将其翻转过来，表示需要去掉 2 个（见图 2-340）。

图 2-341　黑白串珠替换得数 8

⑥再从左向右数金色串珠，当数到金色串珠与灰色串珠相交处，即停止数数，用黑白串珠 8 替换金色串珠 10 减灰色串珠 2（见图 2-341）。

图 2-342　记录算式

⑦翻看题目的背面，检查核对得数，将完整的算式记录下来（见图 2-342）。

（6）适宜年龄：5—6 岁。

（7）错误控制：

①各色串珠有不同的作用，表示不同的数量。

②在蛇形小书每一题的背面有正确得数。

（8）注意事项：

①教师要提醒幼儿在操作时记熟各色串珠的代表意义，尤其是在替换过

程中不能拿错颜色。

②书写数字时注意幼儿的握笔姿势。

（9）变化延伸：可以逐渐增加难度，加减混合运算由两三个数增加到4~6个数，甚至更多数。

（10）活动反思：

①这个活动运用蛇形游戏让幼儿掌握遇到10的数量就等量替换的技能，同时了解加减法混合运算的含义。由于幼儿对彩色串珠及金色串珠已经非常熟悉，所以学习数的连加进位概念时，孩子们对于"数到10就换金色珠"的操作就很得心应手了。

②为了让幼儿体验成功感，题目的数量和算式中的数都不宜过多，以培养幼儿对学习数学的自信心。由于过程复杂且材料较多，所以教师应当耐心、细心地进行引导，让幼儿能在充满支持、鼓励的氛围中愉快、轻松地完成。

案例2-44

（1）活动名称：点的游戏。

（2）活动目标：

①了解乘法与人们生活的关系，体会乘法的重要性。

②理解乘法的含义，知道把乘法竖式转换成加法竖式的方法。

③能运用类推、统计等简单的数学方法解决生活和游戏中的问题。

（3）材料解读：

①提供绿色、蓝色、红色的三角铅笔，以帮助幼儿掌握正确的握笔姿势。

②设计点的游戏表格，表格从上到下分别是数位格、10个点点格、统计总数格，最右面的空格为抄写题目格。

③装订一本乘法竖式题目集，题目由易到难，乘数控制在1—9的范围内，得数不能进位。

（4）材料构成（见图2-343）：

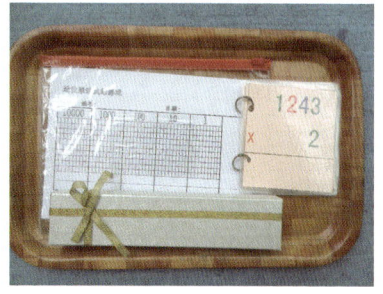

图2-343　材料构成

①不进位乘法题目集1本，点的游戏记录单，绿色、蓝色、红色铅笔各1支，垫板。

②托盘，铅笔盒。

（5）操作步骤：

①翻看不进位乘法题集，从最前面开始选择一道乘法题，读一读："212×4＝"（见图2-344）。

图2-344　选题读题

②把点的游戏记录单夹在垫板上，按绿色、蓝色、红色、绿色的顺序在表格上方涂上颜色，用来区分个位、十位、百位、千位（见图2-345）。

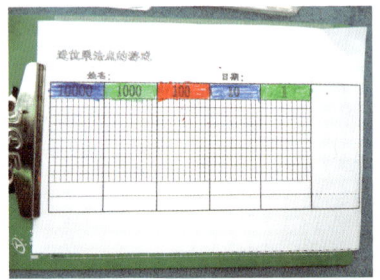

图2-345　先给数位涂色

③把乘法竖式题"212×4＝"转换成加法竖式题"212＋212＋212＋212＝"，用绿色、蓝色、红色铅笔将转换后的加法竖式题书写在记录单上（见图2-346）。

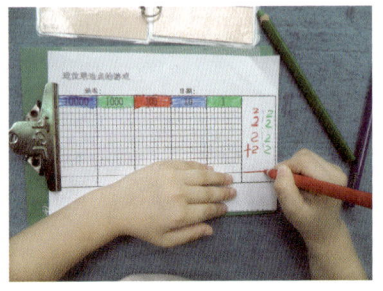

图2-346　把乘法转换成加法

④用绿色、蓝色、红色铅笔分别在个位、十位、百位的格子中涂上相应数量的点点，也就是涂4次212的点点（见图2-347）。

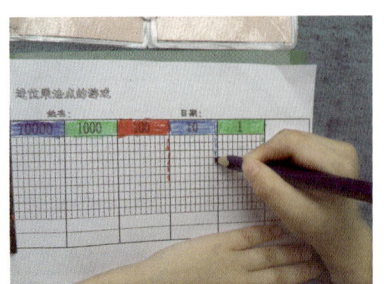

图2-347　在格子中涂点点

⑤完成后进行点数,从个位开始统计,并将结果填写在记录单下面的格子里(见图2-348)。

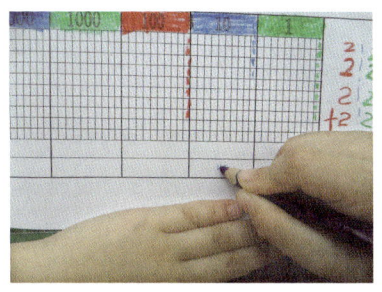

图 2-348　统计数位上的点点

⑥读一读得数,并把得数填写到加法竖式下面的格子中(见图2-349)。

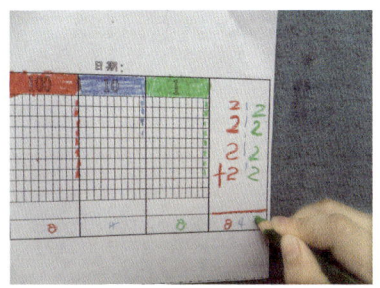

图 2-349　记录得数

⑦翻看题目的背面,核对检查计算结果(见图2-350)。

图 2-350　核对计算结果

(6)适宜年龄:5—6岁。

(7)错误控制:

①记录单和题目集上用绿色、蓝色、红色来区分个位、十位、百位。

②每一道乘法题目的背面,都写有该题的得数。

(8)注意事项:

①教师要提醒幼儿在记录单上涂色时,注意分清个位、十位、百位的颜色。

②注意幼儿书写数字时的握笔姿势。

（9）变化延伸：增加进位乘法点的游戏。

（10）活动反思：

①点的游戏所需的材料比较简单，只有一张记录单和红、绿、蓝三色铅笔以及题目集。这个游戏的操作方式其实与邮票游戏是一样的，只是邮票游戏较直观，而点的游戏慢慢过渡到平面化和抽象化了，而且对书写有了进一步的要求——能独立书写竖式题目。

②在操作过程中，幼儿通过看数画点点了解乘法的概念，并在数点点时注意数一个点划掉一个点，有助于养成不急不躁、耐心细致的良好学习习惯。

案例 2-45

（1）活动名称：银行游戏除法。

（2）活动目标：

①对银行游戏操作材料感兴趣，愿意主动、专注地进行数学操作活动。

②感受除法即平均分配的内涵，学习竖式除法的运算方法和步骤。

③能遵守活动规则，形成做事专注和有序的习惯。

（3）材料解读：

①将除法运算设计成银行游戏的情节，可以帮助幼儿理解平均分配的含义，以引起幼儿操作的兴趣。

②金色串珠共分为四种，其中一粒表示1，一串表示10，一片表示100，一块表示1000。

③除法题目集，除数控制在2—9的范围内，得数为自然数。

④提供红色的丝带表示"="。数字卡采用三种颜色区分：绿色表示个位、蓝色表示十位、红色表示百位。

（4）材料构成（见图2-351）：

①除法题目集，金色串珠若干，娃娃图片9张，除号卡片、红色丝带各1，数字卡片。

②收纳筐，托盘，小布袋，小碗。

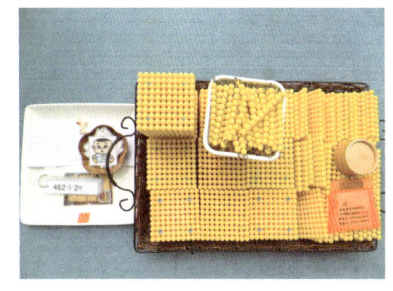

图2-351　材料构成

（5）操作步骤：

①取出除法题目集，自由选择一道除法题，指读"963÷3＝"（见图2-352）。

图2-352　指读除法题

②把选好的除法题放入托盘中，端着托盘到"银行"取963元钱，即取金色串珠9个100、6个10、3个1（见图2-353）。

图2-353　到"银行"取963元

③然后按百位、十位、个位的顺序把963元钱摆放在地毯上，再从小布袋中取出除号卡片，放到963元金色串珠的左边（见图2-354）。

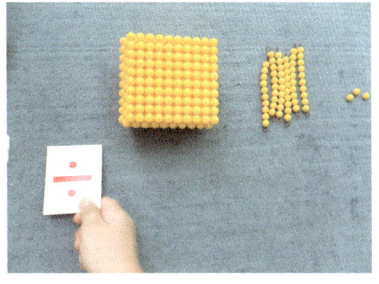

图2-354　摆好963元和除号卡片

图 2-355　取出娃娃图片放好

④从小碗中取出 3 个相同的娃娃图片，放在除号卡片的右侧（见图 2-355）。

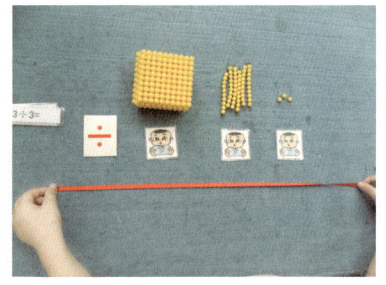

图 2-356　横放红色丝带

⑤再从小布袋中取出红色丝带，拉开横放在娃娃图片下面（见图 2-356）。

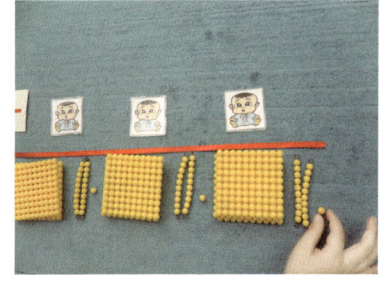

图 2-357　平均分配 963 元钱

⑥按照平均分配的原则，按百位、十位、个位的顺序，把 963 元钱平均分配给 3 个娃娃（见图 2-357）。

图 2-358　按得数摆好数字卡片

⑦说一说每个娃娃各得多少钱，按照所得的钱数摆好数字卡片（见图 2-358）。

（6）适宜年龄：5—6岁。

（7）错误控制：

①不同的金色串珠代表不同的数量。

②在每一题的背面写有得数，便于幼儿核对检查。

（8）注意事项：

①幼儿在认识数位的基础上才能操作这份材料。

②教师应提醒幼儿每一种金色串珠都需要平均分配给每个娃娃。

（9）变化延伸：

①娃娃可以用其他人物代替。

②投放银行游戏除法记录单。

（10）活动反思：

①银行游戏除法的操作，要建立在幼儿已掌握金色串珠命名的基础上，让幼儿了解个位、十位、百位、千位，并能按数位取相应量的金色串珠。

②幼儿对活动的兴趣浓厚。他们玩起了"办家家"游戏，为娃娃平均分配金色串珠，很快就掌握了除法的概念，理解了除法的内涵。

③教师可以引导幼儿在日常生活中增强平均分配的除法概念。

案例 2-46

（1）活动名称：应用题。

（2）活动目标：

①积极探索数学活动，培养善于思考的习惯。

②根据画面内容创编加减应用题，并列出相应的算式。

③提高思维能力及语言表达能力。

（3）材料解读：

①操作底板上有大树背景图，树上贴有魔术贴的方框，便于幼儿粘贴小鸟图片；树下有算式空白方框，框内贴有魔术贴，便于幼儿粘贴数字及加减符号。

图 2-359　材料构成

②背景图上方有活页形式的应用题题目集共 8 页，每页背面贴有相应的算式。

③小鸟图片、数字卡片和加减号卡片的背面都贴有魔术贴。

（4）材料构成（见图 2-359）：

①操作底板，小鸟图片，数字卡片，加减号卡片，记录单，铅笔，垫板。

②托盘，盒子，布袋，文件袋。

（5）操作步骤：

①从托盘中取出材料，摆放在地毯上（见图 2-360）。

图 2-360　取出材料

图 2-361　指读应用题

②取出操作板，翻开操作板上方的应用题，读一读（见图 2-361）。

图 2-362　粘贴 3 只小鸟

③根据"树上有 3 只小鸟"的提示，取出 3 只小鸟粘贴在背景图的方框上（见图 2-362）。

④指读"又飞来了1只",然后取出1只小鸟贴在背景图的方框上(见图2-363)。

图 2-363　再粘贴 1 只小鸟

⑤数一数方框内一共有几只小鸟(见图 2-364)。

图 2-364　数数共有几只小鸟

⑥把"3＋1＝4"的算式完整地贴在树下的算式方框内(见图 2-365)。

图 2-365　粘贴计算结果

⑦翻开题目的背面,核对计算结果(见图 2-366)。

图 2-366　翻开背面检验结果

（6）适宜年龄：5—6岁。

（7）错误控制：题目集上的每一道应用题的背面都贴有该题的算式，供幼儿检验对错。

（8）注意事项：教师引导幼儿读题时，可鼓励识字的幼儿自己读题，对不识字的幼儿给予帮助。

（9）变化延伸：引导幼儿根据算式自编应用题，或玩应用题问答游戏。

（10）活动反思：

①看图创编应用题能促进幼儿思维能力的发展。操作这份材料，幼儿应在掌握10以内的加减运算，并对应用题有一定了解的基础上进行。教师不仅要了解幼儿对加减运算的掌握情况，还要知道幼儿的语言表达能力，适时给予引导。

②幼儿在创编应用题时，很容易把"一共有多少"和"还有多少"相混淆，有个别幼儿对语言的理解和表达能力还有待加强。因此教师应当注意观察，了解幼儿的操作情况，适时给予帮助。

③教师可以在日常游戏中引导幼儿创编应用题。

案例 2-47

（1）活动名称：量一量。

（2）活动目标：

①喜欢参与测量活动，乐意与同伴分享测量过程和结果。

②感知测量工具与测量结果之间的关系，初步学习正确的测量方法。

③能运用自然测量的知识解决问题，发展观察、比较和判断的能力。

（3）材料解读：

①选用生活中常见的回形针作为测量工具，回形针共32枚，连起来总长正好与要测量的物体的周长一致。

②测量的笔记本为标准的长方形，有助于幼儿正确使用测量工具，掌握测量的方法。

第二章 数学区材料案例

（4）材料构成（见图2-367）：
①回形针，笔记本，记录单。
②托盘，盒子，小布袋。

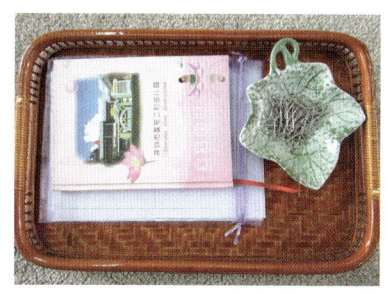
图 2-367 材料构成

（5）操作步骤：
①拿起一枚回形针，观察感知一枚回形针的长度（见图2-368）。

图 2-368 感知回形针的长度

②取出长方形的笔记本，先用手触摸书的短边，感知短边的长短（见图2-369）。

图 2-369 触摸短边感知长短

③将一枚回形针摆放在笔记本的短边上（见图2-370）。

图 2-370 摆放一枚回形针

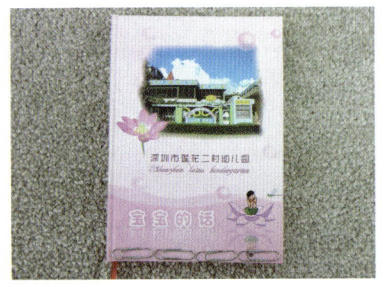

图 2-371 把回形针沿短边摆满

④沿着笔记本的短边,把回形针一个接着一个摆放,直至将短边全部摆满(见图 2-371)。

图 2-372 触摸长边感知长短

⑤触摸笔记本的长边,感知长边的长短(见图 2-372)。

图 2-373 测量书的长边

⑥用同样的方法测量长边的边长(见图 2-373)。

图 2-374 统计测量结果

⑦数一数笔记本的长、短边上各摆放了多少枚回形针,并将数量分别登记在记录单上(见图 2-374)。

（6）适宜年龄：5—6岁。

（7）错误控制：笔记本的边长为多个回形针相加的长度，测量结果为整数。

（8）注意事项：在测量时，教师提醒幼儿要将回形针接着摆放，这样才能测量准确。

（9）变化延伸：

①鼓励幼儿探索用各种工具和方法自由测量活动室内他们喜欢的物品。

②测量形状不规则的物品。

（10）活动反思：

①这个活动让幼儿运用自然测量工具学习测量的方法，培养幼儿的观察和探索能力。所提供的测量工具是回形针，测量的对象是笔记本，这些都是生活中常用到的物品，能激发幼儿的兴趣。

②测量前，教师可与幼儿讨论测量的方法，待幼儿掌握了正确的方法后再让他们自由地去探索，这样更有助于激发其求知欲和探索欲。

③材料的提供（测量工具、测量对象）应该更多样化，以促使幼儿更多地思考。

案例 2-48

（1）活动名称：人民币换算。

（2）活动目标：

①积极参与活动，感受人民币与人们生活的密切关系。

②认识10元以内的人民币，能说出它们的单位名称"元"和"角"，学习简单的人民币兑换。

③能合理用钱和爱护人民币。

（3）材料解读：

①提供给幼儿操作的人民币最好是样币，让幼儿知道它不能随便玩耍，养成从小爱护人民币的好习惯。

图 2-375　材料构成

图 2-376　取出材料

②每页人民币换算小书上标有一种换算的等式，如"5元＝5张1元"；每页的换算等式边框的颜色各不相同，与换算等式小卡的颜色相配。

（4）材料构成（见图 2-375）：

①10 以内各种面值的货币，人民币换算小书，等式小卡，等于号卡片。

②托盘，布袋。

（5）操作步骤：

①从托盘中取出操作材料（见图 2-376）。

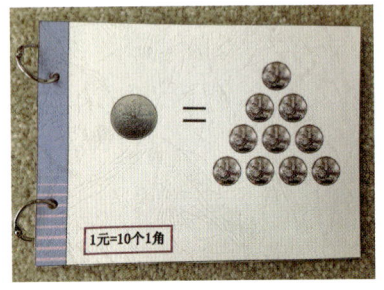

图 2-377　认读换算小书

②翻开人民币换算小书，指读小书，数一数1元可以换算成多少个1角（见图 2-377）。

图 2-378　认识 1 元硬币

③认识 1 元的硬币（见图 2-378）。

④取等于号卡片摆在1元硬币的后面（见图2-379）。

图2-379　摆放等于号卡片

⑤再取出10个1角的硬币摆在等于号卡片后面（见图2-380）。

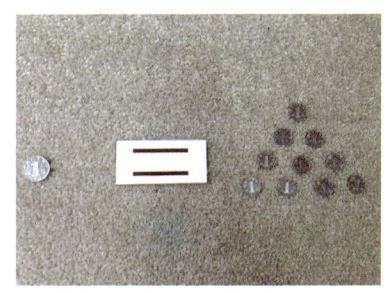

图2-380　摆放10个1角

⑥将换算等式小卡摆在等于号卡片下方（见图2-381）。

图2-381　摆放换算等式小卡

⑦认一认，读一读（见图2-382）。

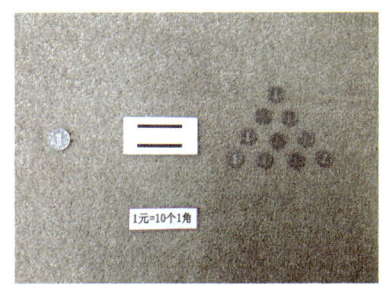

图2-382　幼儿认读

（6）适宜年龄5—6岁。

（7）错误控制：每页人民币换算小书上都有与图片相对应的换算等式，换算等式的边框颜色与相应的换算等式小卡的颜色相同。

（8）注意事项：教师要注意引导幼儿在操作中掌握元、角之间的换算关系。

（9）变化延伸：

①开展商店游戏，让幼儿在生活情境中学习人民币的兑换。

②增加人民币换算记录单。

（10）活动反思：

①幼儿在认识各种面值人民币的基础上才能开始学习人民币的换算方法。有些幼儿对元、角的单位概念仍比较模糊，操作这份材料时会有困难。教师应当充分把握幼儿的发展水平，明确幼儿是否已认识了各种面值的人民币，从而让幼儿更系统地进行学习。

②教师可创设超市的小场景，投入各种价格的商品，让幼儿在场景中学习人民币的换算。

第三章
教师对幼儿的支持

在区域活动探索过程中，幼儿需要自主选择材料开展探索与研究，大部分幼儿能借助于材料的引导独立进行操作并有所发现，虽然他们的探索是基于指引幼儿独自操作的"各类"引导标识，但这些引导标识只是部分代替教师的指导。由于幼儿的发展水平、学习风格、认知能力各有不同，因此教师的指导在区域活动中不可替代。教师在区域活动开展过程中，需要全面、细致地观察每一个幼儿的活动情况，随时发现、分析每个幼儿出现的问题，在反思、判断后提供科学有效的支持。同时，教师应该在一段时间内持续地对某一区域进行观察与追踪，并纵向地进行前后对比，发现幼儿的进步与仍需提高的地方，从而提供有效的持续支持。

第三章 教师对幼儿的支持

第一节 单次活动中教师的支持

区域活动中,除了幼儿的自主操作与独立探究,常常还需要教师对幼儿的区域学习"画龙点睛"。当然,教师需要根据幼儿的年龄差异、能力发展水平采取不同的支持方式。而教师对支持策略的选择,是以其对幼儿的观察、分析为前提的。区域活动中教师对幼儿的支持,可能是"无声胜有声"的观察,也可能是演示与说明,还可能是介于两者之间的简单指导。以下是深圳市莲花二村幼儿园三个年龄段数学区的区域活动案例及一个学习故事,有助于我们了解:在区域活动中,教师是如何支持幼儿的主动学习的?不同年龄段的幼儿分别需要什么样的支持策略?

一、小班案例分析

在选择小班区域活动中教师对幼儿的支持案例时,我们选择了区域体系中的数学区作为观察对象,针对具体活动内容"数学区—数概念—点数5个以内的物体"的开展情况,对活动中幼儿的行为、教师所采取的策略等方面进行录像,并形成文字实录,在活动后又与教师一起对活动过程、教师行为、幼儿操作开展了相关的分析与总结,旨在让教师通过活动中的记录、活动后的反思,更清晰地了解幼儿活动中的行为,并理解幼儿行为产生的原因,帮助教师学会运用科学、适宜的对策来支持幼儿的行动,从而使区域活动促进幼儿的良好发展。

(一)幼儿班级:小班

(二)材料名称:点数5个以内的物体

(三)材料来源:《指南》3—4岁科学—数学认知—目标2的子目标

"3. 能手口一致地点数5个以内的物体，并能说出总数"

（四）活动实录（见表3-1）

表3-1 小班幼儿数学区活动实录表

活动内容	幼儿行为	教师策略
幼儿进入数学区选择活动材料。	在数学区徘徊寻找、发现自己需要的材料。	在幼儿身后默默观察，发现幼儿的行为并思考需要的支持策略。
幼儿请教师一同取出活动材料。	幼儿走到教师旁边，请求教师与他一同去取材料。	教师询问幼儿需要什么帮助，能否独立完成。
幼儿与教师取出材料一同到地毯前坐好，教师操作材料，引导幼儿观察。	幼儿观察教师的操作。	教师先演示材料的一个部分，并与幼儿互动，引导幼儿进行观察，了解材料的操作方法。
幼儿操作材料，教师在旁边观察、记录幼儿的行为。	幼儿操作材料，不时回望教师，寻求支持。	教师观察并询问幼儿，当幼儿有需要时及时给予支持。
幼儿在完成记录单时遇到数字不清晰的问题，教师指导幼儿认识数字。	幼儿能说出总数，但在用数字表示时，对2和5的认知概念模糊。	教师引导幼儿区分2和5。
幼儿完成操作，教师给予鼓励，针对活动给出评价。	幼儿完成操作，并将记录单给教师。	教师针对幼儿的记录单对幼儿进行评价。
带幼儿到数学区认识数字的材料处，引导鼓励幼儿下一次尝试探索这份材料。	幼儿收拾材料后兴奋地回到教师身边。	教师引导幼儿到数学区前，找到支撑下一次活动的材料（认识数字）。

（五）幼儿发展与教师支持

1. 幼儿学习品质分析

（1）针对幼儿发展的研究

上述案例中的幼儿处于小班初始期，幼儿在个别探索活动中由于对环境缺乏认知，在个别操作及深入探索中会对成人有一定的依赖，影响了他们在个别探索活动中自主性、独立性的发展，也容易影响幼儿在探索过程中的专注度。

（2）基于教师行为的分析

幼儿明白自己想要操作的材料，但在行动时希望教师能陪伴在身边，以获得安全感。而教师在指导幼儿时只是给幼儿必要的支持（内容选择的示范、鼓励时简单的眼神和手势等）（见图3-1）。在小班幼儿区域活动开展的初始期，教师这种选择性的陪伴，既能逐步培养幼儿独立完成活动，也能在幼儿需要时给予及时的支持，满足小班幼儿的心理需求，让他们在安全的氛围中形成各种良好的品质，同时获得知识、能力等方面的发展。

图3-1　教师指导幼儿操作

2. 幼儿领域发展分析

（1）针对幼儿发展的研究

幼儿能手口一致地进行点数并说出总数，但在区分数字上有不足之处，对2和5两个数的认识需要进一步明确。

（2）基于教师行为的分析

教师能根据该幼儿的发展，发现其已有经验及存在的不足，使其在已有经验上有进一步的提高，如提供记录单，对幼儿进行引导促进其发展；澄清幼儿对数字的认知，并在幼儿完成探究后单独对幼儿进行评价；根据自己的分析与反思找到促使幼儿进一步发展的策略；鼓励幼儿在后续活动中选择新材料开展探究。

二、中班案例分析

为了让读者更好地了解区域活动中教师对幼儿的有效支持，在选取中班的活动案例时，我们仍然选择了数学区作为观察对象，此选择一是使呈现的案例具有层次性和系列性，二是方便读者对小班、中班数学区活动中幼儿的行为进行比较，了解小、中班幼儿发展的差异性，更好地把握小、中班幼儿在数学区的发展状态，同时可以更好地帮助读者理解教师是怎样根据幼儿不同发展水平的行为，采取不同的支持策略，以此来保证区域活动的效果最优化，真正实现幼儿在区域活动中的个性化发展。

（一）幼儿班级：中班

（二）材料名称：7的分解

（三）材料来源：《指南》4—5岁科学—数学认知—目标2的子目标"3.能通过实际操作理解数与数之间的关系"

（四）活动实录（见表3-2）

表3-2　中班幼儿数学区活动实录表

活动内容	幼儿行为	教师策略
幼儿主动到数学区选择材料"数的分解"。	幼儿比较自信、迅速地到数学区选定自己需要的活动材料。	在幼儿身后默默观察，了解幼儿是否需要支持。
到地毯前坐下，观察并探索材料，教师在幼儿旁边走动观察。	幼儿坐下后，先逐一观察了解材料，试着操作材料。	教师在与幼儿有一定距离的地方悄悄观察幼儿的需要。
幼儿遇到问题，示意教师需要帮助，教师坐到幼儿的身边。	幼儿摆放好材料后，在进行分解时，不明白操作材料的步骤及材料背后的内涵，反复思考后不能解决，举手示意教师需要帮助。	教师正在旁边指导其他幼儿，看到该幼儿有需要后，立即到他身边询问他有什么问题。
教师与幼儿合作，让幼儿了解材料的正确操作方法，并引导幼儿了解材料的内涵。	幼儿和教师互动，共同探索材料并操作材料。幼儿学会材料的操作并了解其内涵。	教师让幼儿观察材料，理解总数7，观察将7颗星星分给一个女孩和一个男孩后女孩有几颗、男孩有几颗。

续表

活动内容	幼儿行为	教师策略
幼儿继续探索材料，教师在一旁观察并兼顾其他幼儿的需要。	幼儿继续探索材料，并认真填写记录单。	教师在数学区巡回观察，了解幼儿的活动情况。
幼儿完成操作，整理材料，教师取出幼儿的记录单进行观察分析。	幼儿整理材料并放回到完成筐后，继续寻找后续活动材料。	教师在幼儿将记录单放到完成筐后，取出幼儿的记录单，并思考幼儿后续的活动材料。

（五）幼儿发展与教师支持

1. 幼儿学习品质分析

（1）针对幼儿发展的研究

中班的幼儿经过一年的学习和生活，在自主性、独立性等方面都有了明显的发展，在个别探究时，他们能根据自己的需要和兴趣，独立选择适合自己的材料，主动、专注地进行个别操作。在遇到困难时，他们也能尝试用不同的方法去挑战难度，从而获得成功的快乐。

（2）基于教师行为的分析

教师在幼儿自由选择材料、开始探究材料时，并没有对幼儿进行干预，而是在旁边默默地观察幼儿。当幼儿遇到困难时，教师仍是观察；当幼儿有了真正的需要时，教师才走到幼儿的身边。根据中班幼儿的发展水平，教师在后续过程中与幼儿一直是平等的合作关系，共同探索材料，直到幼儿真正了解材料后，教师才通过简洁的点评让幼儿明白材料的内涵，丰富幼儿的知识结构（见图3-2）。

图 3-2　师幼合作探索材料

2.幼儿领域发展分析

（1）针对幼儿发展的研究

幼儿通过在数学区操作材料，具体形象地理解了数与数之间的关系——7的分解。

（2）基于教师行为的分析

教师能根据该幼儿在探索中的表现及其能力发展，在幼儿操作材料出现困难时，以合作者的身份与幼儿共同探索材料，促进幼儿数学能力的发展；在内涵提升时，教师以导师的身份通过引导让幼儿理解数与数的关系；在幼儿探索结束后，教师能及时地分析幼儿的记录单，并思考幼儿后续发展的支持材料。

三、大班案例分析

在选择大班案例时，我们主要是从区域深度学习的角度，对区域活动中幼儿的行为、教师的支持策略进行分析。在区域选择时，仍然以数学区为主要观察对象，以保证案例内容的递进性。针对大班幼儿将进入小学，面临幼小衔接方面的学习任务，我们在数学区选择了"加法板"材料，通过区域活动中幼儿对材料进行操作的记录，在活动后引导教师根据记录中的各种行为、现象、情况进行反思和分析，从中找出并总结相关的经验，以帮助教师在后续的活动中更好地采取有效的支持策略，使幼儿实现区域活动中的深度学习，帮助他们形成良好的学习品质。

（一）幼儿班级：大班

（二）材料名称：加法板

（三）材料来源：《指南》5—6岁科学—数学认知—目标2的子目标"3.能通过实物操作或其他方法进行10以内的加减运算"

（四）活动实录（见表3-3）

表 3-3 大班幼儿数学区活动实录表

活动内容	幼儿行为	教师策略
幼儿自主选择数学区材料"加法板"。	幼儿目标明确地到数学区取出活动材料"加法板"。	在与幼儿有一定距离的地方,观察了解所有幼儿的活动,并随时解答有需要的幼儿的问题。
幼儿逐一观察了解材料后开始探索材料,教师在其身后观察。	幼儿逐一取出材料,仔细观察。	教师巡视幼儿在数学区的活动,给有需要的幼儿以支持。
幼儿操作材料、完成记录单并核对答案后,发现有一处出现了问题。	幼儿的整个活动过程。	教师在其他幼儿处进行指导。
幼儿拿记录单到教师处寻求帮助。	幼儿与教师讨论出现的错误。	教师检查发现幼儿的其他记录都正确,唯有一个不正确,初步判断是粗心造成的,让幼儿重新操作这一步。幼儿重新操作后,经检查结果正确。
教师引导幼儿重新探索出现问题的材料,幼儿发现问题,并找到正确的答案。	幼儿重新操作材料,并找到正确的答案。	教师在幼儿旁边观察幼儿的操作。
幼儿整理材料并与教师互动。	教师观察幼儿,分析记录单中出现的错误,及时与幼儿互动,提出检验的方法并鼓励幼儿挑战新材料。	幼儿收好材料,将记录单放回自己的盒子。

(五)幼儿发展与教师支持

1.幼儿学习品质分析

(1)针对幼儿发展的研究

该案例记录的大班幼儿已有两年的区域活动经验。有较多区域活动经验的幼儿基本能独立地、有目标地选择符合自己发展需要的活动材料,在平时的活动中,他们会通过观察同伴操作,及在区域讲评时听取同伴的介绍,对未操作的材料有一定程度的了解,借助于材料的引导,除个别能力非常弱的幼儿外,一般情况下大班幼儿都能认真专注地、富有创造力与想象力地独立完成材料探索。

(2)基于教师行为的分析

图3-3 教师观察幼儿的操作

根据大班幼儿的区域活动特点,教师在活动中只是作为幼儿背后的支持者出现,在不干扰幼儿活动的情况下观察、了解幼儿的活动并进行分析(见图3-3)。当幼儿出现问题时,教师及时地、巧妙而有针对性地启发幼儿,鼓励幼儿进一步探索,并在幼儿成功完成活动后及时地为幼儿继续活动提供支持。

2. 幼儿领域发展分析

(1)针对幼儿发展的研究

幼儿借助于实物进行有序的10以内运算的能力已形成,检验活动成果的经验及方法还有待进一步加强。

(2)基于教师行为的分析

教师能根据该幼儿在本次活动中的表现情况发现他的不足,对其提出更高的要求,并在对他的记录单进行分析后激励他挑战符合其最近发展区的后续活动材料。

第三章　教师对幼儿的支持

第二节　数学区学习故事

区域活动是最能促进幼儿的个性及优势智能发展的活动方式，而区域材料的投放与研究是区域活动的工作重点。采用科学而适宜的材料既照顾了幼儿学习与发展的整体性，又尊重了幼儿发展的个体差异；既有助于理解幼儿的学习方式和特点，又能培养幼儿的学习品质。作为幼儿活动的支持者、合作者、引导者，教师应观察、反思、评价班上幼儿不同的认知水平、能力发展、兴趣爱好，根据每个幼儿的最近发展区，及时地调整、更新材料，为幼儿的成长提供"支架"，促进他们的发展。下面以数学区为例，详细描述教师是怎样做到在区域活动中观察评价幼儿，为幼儿及时提供材料支撑，促进幼儿的个性化成长的。

一、教师记录方法

区域活动是支持幼儿个别化学习与发展的最佳课程模式。在数学区域活动中，虽然教师让幼儿按自己的学习需要、兴趣爱好、发展水平，自主地选择探索材料，以此开展各类探索活动，但幼儿受年龄、能力、数学学科方面等因素的影响，并不一定会主动选择数学区材料，或在一定的时间内不可能完全做到有计划、有目的地进入数学区开展活动。为了循序渐进地促进幼儿数学相关能力的提升，教师应在区域活动过程中，对幼儿数学区的活动进行追踪观察、科学记录、综合评价，并根据结果对他们的后期发展提出更高的期望，制作并提供有效的材料，以确保幼儿的数学发展水平真正得到提高。

（一）情况分析

每一个数学区学习故事都有一个主角，这个主角就是班级中的某一个幼儿。在数学区域活动中，每个幼儿的发展都是不同的，这既有水平的差异，也有兴趣爱好的不同，还有发展需求的区别。因此，在教师开始记录某一个幼儿的学习故事时，应对需要观察的幼儿进行数学领域能力的分析，分析围绕该幼儿数学方面的"最近发展区"，根据《纲要》和《指南》中对幼儿数学领域的分类划分，全面、科学地分析幼儿的当前状态，以便在每次完成学习故事后能比较幼儿的发展情况。

（二）记录时间

这里所说的时间，包括两个维度的内容：一是关于追踪记录的时间周期，二是每一次记录的时间。

1. 有关周期时间

一般记录数学学习故事有两方面的原因：第一，教师为该幼儿三年期间在数学领域的发展留下有记录的轨迹；第二，某幼儿在数学领域有特殊需求，或某幼儿在数学领域的发展不足，需要以数学学习故事为依据向其提供相应的支持。如果是第一个方面的原因，学习故事的记录周期是幼儿入园一直到毕业离园，在此期间，教师有目的、有计划地根据幼儿进入数学区活动的时间，有选择性地开展观察、记录、分析、反思，以此促进幼儿在园期间数学领域方面的能力得到最佳的发展。而如果是第二个方面的原因，教师就要事先做好计划，引导幼儿进入数学区，根据计划的内容开展观察、记录、分析、反思，通过数学学习故事，让幼儿在数学领域方面的能力得到均衡的发展。

2. 当次记录时间

当次记录时间是指教师在一次数学区域活动中对需要观察的幼儿进行记录的时间，这一时间是指幼儿从计划选择某一数学材料开始，到幼儿完全操作完成这一活动材料，及教师根据幼儿的活动写出当次反思，并提出相关的后期发展预设，这一过程中所有围绕该幼儿生成文字、图像、表格等资料所用的时间，都应纳入当次记录时间范畴之内。

（三）记录内容

学习故事的内容由许多次有关联的、连续的单次记录组成。单次记录中包括以下几方面的内容。

1. 活动现场记录

数学区活动现场记录一般有文字记录、图表记录、照片记录和音像记录等多种记录方法。教师应根据幼儿在活动中的情况，以方便、真实为前提来选择记录方式，如：在幼儿有记录单的情况下，教师选用记录单会让幼儿的活动过程更真实地呈现。当幼儿在数学区活动的操作材料没有记录单时，教师需要采用文字进行描述记录，或用拍照、录像的方式进行记录，使活动过程能直观地呈现在学习故事中。

2. 教师观察描述

在采用图表记录、照片记录和音像记录等方式时，虽然这些图表能反映一些幼儿的活动情况，但幼儿在数学区活动中的一些特殊行为不能突出地反映出来。要使学习故事成为后期研究的有益材料，教师应将幼儿在数学区活动过程中的某些特殊行为、表现出的特别品质、有突破性的某些方面等，借用语言的描述详细地进行记录，为后期查找资料提供具体而翔实的依据。

3. 教师评价过程

在单次活动记录中，教师应对幼儿的活动过程进行科学而真实的评价，对幼儿开展评价应从以下三方面进行：首先，从数学学科方面对幼儿发展的期望来展开，如幼儿数概念方面的发展、幼儿的空间思维能力等；其次，从幼儿的学习品质方面对幼儿进行分析和评价，如对幼儿的专注性、克服困难的品质等方面进行分析与评价；最后，从幼儿的社会性发展方面来进行评价，如：幼儿是否能与同伴合作完成数学区的探索，出现问题后能否寻求成人的帮助等。总之，无论教师开展哪方面的评价，都应本着客观、真实的原则，实事求是地评价每一个幼儿及幼儿的相关活动。

4. 下一步发展建议

记录幼儿在数学区的学习故事，其作用是让教师通过观察、分析了解幼儿的发展水平，提高教师的专业能力，更重要的作用是教师通过反思后的评价，为幼儿后续的数学区域活动提供更科学、更有力的支撑。教师在后期数学区域活动中对幼儿最好的支持来自材料，因此，教师在下一步发展建议中不能只写出对幼儿后面发展的期望，还要制作出可以帮助幼儿达成这一目标的相关材料，以确保幼儿在后一阶段的发展中能有可探索的材料。

5. 支架发展材料

支架发展材料是教师对幼儿当前的活动进行观察后发现的在幼儿发展水平之上的材料。这一类的数学区材料有的可能已在班级区域活动架上呈现，有的在教师原来的材料库中，但还没有出现在幼儿探索的材料之中，这就需要教师调整班级已呈现的材料，以便在后续活动中有促进幼儿发展的材料；也有的可能并没有现成的材料，还需要教师通过设计、创造，制作出符合幼儿下一步发展需求的材料，并在幼儿下一次探索活动前提供，以保证幼儿的及时发展。

二、教师记录案例

下面我们呈现的案例，是一位带班教师在数学区活动现场观察、记录某一幼儿的活动后，对现场记录进行分析、反思，并根据结果为幼儿制订下一步活动计划，再观察记录—再分析反思—再制订计划这样一个周期追踪案例。

（一）幼儿情况分析

观察班级：莲子 Q 班

观察教师：D 老师

幼儿：W 小朋友

出生日期：2009 年 9 月 14 日

入园日期：2013 年 9 月 1 日

幼儿分析：

W 小朋友是莲子 Q 班年龄最大的幼儿，性格相对平和，但探索愿望强烈，愿意挑战新的活动材料，学习各方面的发展比较均衡，且相对优于班级其他幼儿的发展。近期，她突然表现出对数理逻辑方面活动材料的强烈兴趣。观察了解到她成长过程中所出现的敏感期特征后，D 老师充分尊重她自身的发展特点，尽力为她准备满足她成长需要的环境及材料。D 老师研究了她的"最近发展区"，在数学区基本材料的基础上，及时地制作、调整、增添能满足她发展的特别研究性材料，运用推荐、引导、与之合作等方法让她发现新材料，鼓励她积极探索新材料。D 老师在活动中重点细致地观察她在探索过程中的表现，进行思考与分析，既发现她在数理逻辑方面的优势，也寻找阻碍其探索的不利因素。针对评价结果，教师为她的数理逻辑能力的后续发展提供科学性支撑，也为她提供消除阻碍的其他区域材料，一方面促使她更好地提升数理逻辑能力，另一方面引导她通过探索其他区域材料来提高其他方面的能力，促进她的个性化成长与全面发展。

（二）教师支持实录

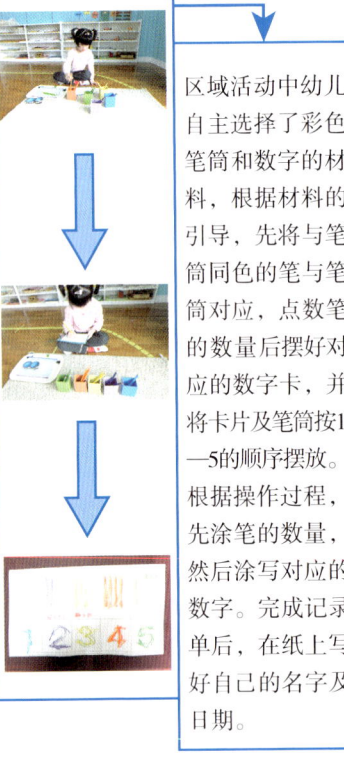

活动影像记录

区域活动中幼儿自主选择了彩色笔筒和数字的材料，根据材料的引导，先将与笔筒同色的笔与笔筒对应，点数笔的数量后摆好对应的数字卡，并将卡片及笔筒按1—5的顺序摆放。根据操作过程，先涂笔的数量，然后涂写对应的数字。完成记录单后，在纸上写好自己的名字及日期。

教师观察描述

W小朋友在活动中能手口一致地点数1—5，并正确说出总数及将所有的数量与数字对应。幼儿已经开始理解数的实际意义，并形成了初步的数概念。操作材料步骤清晰、有序，在填写记录单的过程中用笔稍有困难，其手部的小肌肉及精细动作还有待进一步发展。

教师评价过程

下一步可引导幼儿探索1—10的有序点数和1—5的无序点数。考虑到她的前书写能力不足，可降低记录单中动笔的难度，并建议通过生活区的小肌肉活动、美工区的涂画等活动促进她手部精细动作的发展，以提高其前书写能力。

下一步发展建议

沙子数字小书

1—10的数圈

看图圈数

……

支架发展材料

记录时间：2014-04-20　材料名称：彩色笔筒和数字

第三章 教师对幼儿的支持

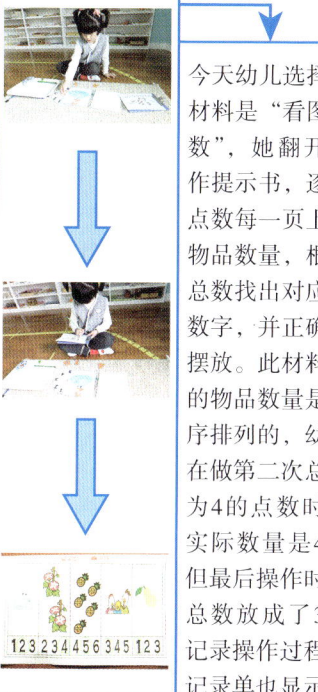

活动影像记录

教师观察描述：今天幼儿选择的材料是"看图圈数"，她翻开操作提示书，逐一点数每一页上的物品数量，根据总数找出对应的数字，并正确地摆放。此材料上的物品数量是无序排列的，幼儿在做第二次总数为4的点数时，实际数量是4，但最后操作时将总数放成了3，记录操作过程的记录单也显示结果为3。

教师评价过程：幼儿点数的方法是只用眼睛点数区分物体，并且是不出声的默数。由此可以看出幼儿对5以内物体的点数及总数的概念非常清晰，在操作中出现错误的可能原因：第一次操作无序排列材料或操作完后没强化对总数的记忆，取数字摆放时，出现记忆误区。

下一步发展建议：下一步可让幼儿操作按数取物、按群计数等，初步实现对数概念的实际运用及对数概念的抽象认识，也为幼儿后续的组成学习奠定基础。根据幼儿操作中出现的错误，可引导她去感官区操作有关促进记忆精准性方面的材料，逐步培养幼儿检查操作结果的好习惯。

支架发展材料

按数取物

单双数

合起来是几

……

记录时间：2014-05-08　　材料名称：看图圈数

今天，幼儿选择了材料"合起来是几"。操作前她在观察并尝试独立摆放材料后，示意教师需要引导，教师随即与她一起探索材料。此过程使她确认了自己之前的探索方式是正确的。教师离开后，她独立完成了材料的探索，并根据探索过程完成了记录工作。

幼儿通过材料探索，初步感知数的合成概念，能将两个不同或相同的数量合并成一个数量并用正确的数目表示，理解一个集合与它的子集之间的等量关系。幼儿初步建立数的合成概念，在操作正确的情况下寻求引导。幼儿探索材料时的自信心还需加强。

根据幼儿现有的发展水平，可引导她探索"10以内的数的合成与分解"，深化她对数的合成概念的理解。当幼儿的合成概念非常清晰后可向其提供加法类的材料促进其发展。本次活动中的数字是用盖印章的方式呈现的。观察了解她的前书写发展情况，若有提高可让其进行书写记录。

10的合成

10的分解

加法板

……

活动影像记录

教师观察描述

教师评价过程

下一步发展建议

支架发展材料

记录时间：2014-05-29　　材料名称：合起来是几

第三章 教师对幼儿的支持

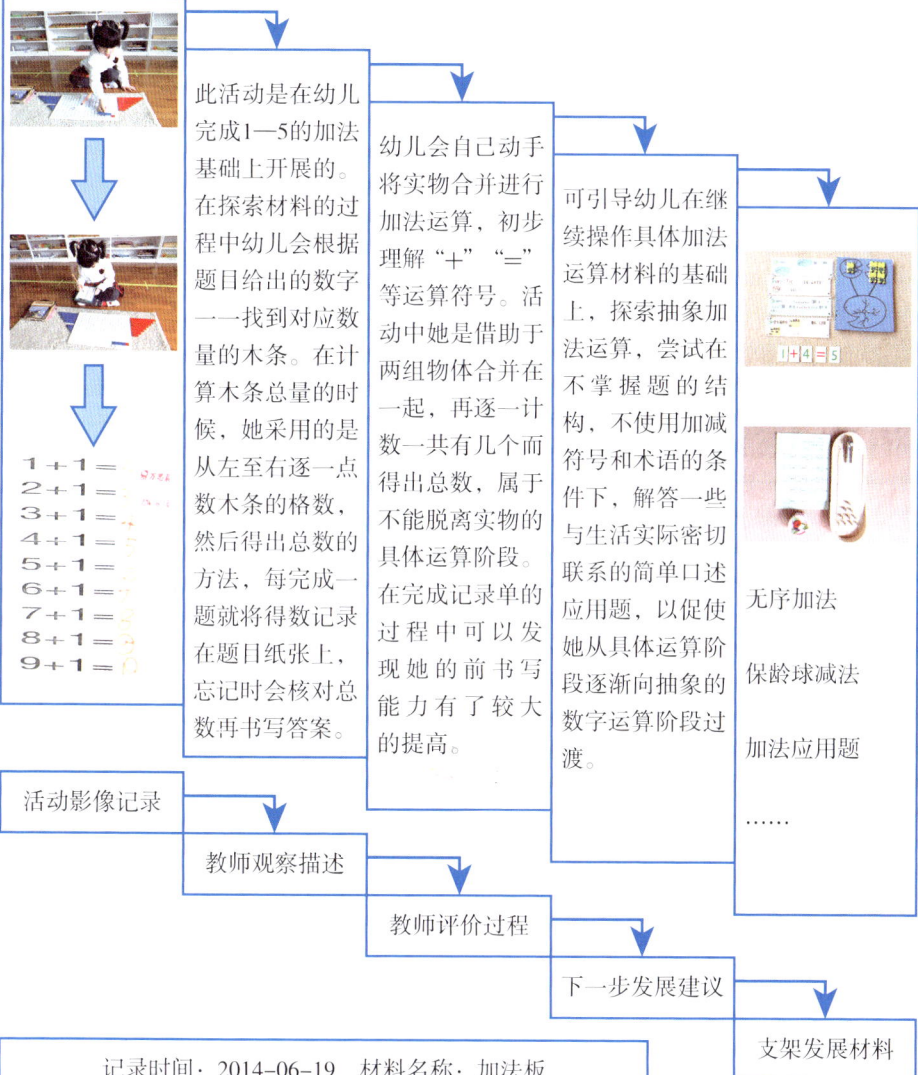

| 活动影像记录 | 教师观察描述 | 教师评价过程 | 下一步发展建议 | 支架发展材料 |

此活动是在幼儿完成1—5的加法基础上开展的。在探索材料的过程中幼儿会根据题目给出的数字——找到对应数量的木条。在计算木条总量的时候,她采用的是从左至右逐一点数木条的格数,然后得出总数的方法,每完成一题就将得数记录在题目纸张上,忘记时会核对总数再书写答案。

幼儿会自己动手将实物合并进行加法运算,初步理解"+""="等运算符号。活动中她是借助于两组物体合并在一起,再逐一计数一共有几个而得出总数,属于不能脱离实物的具体运算阶段。在完成记录单的过程中可以发现她的前书写能力有了较大的提高。

可引导幼儿在继续操作具体加法运算材料的基础上,探索抽象加法运算,尝试在不掌握题的结构,不使用加减符号和术语的条件下,解答一些与生活实际密切联系的简单口述应用题,以促使她从具体运算阶段逐渐向抽象的数字运算阶段过渡。

无序加法

保龄球减法

加法应用题

……

记录时间:2014-06-19 材料名称:加法板

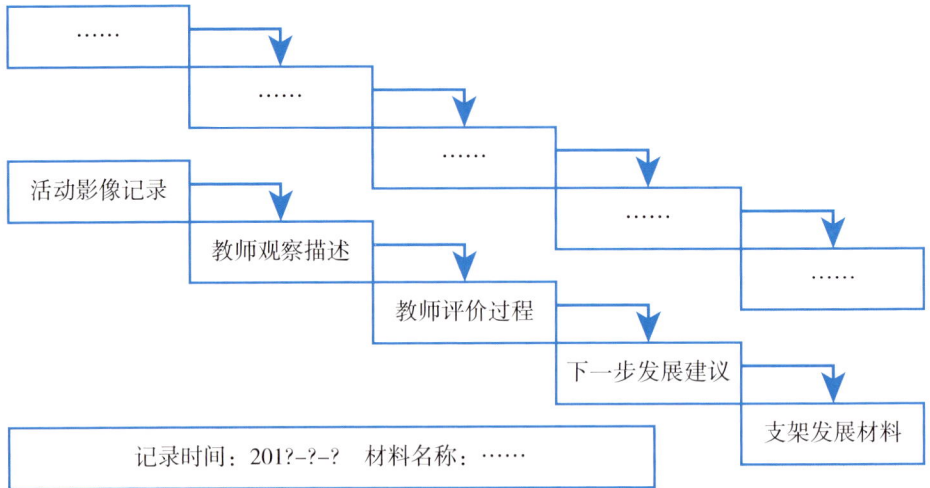

本成长案例是从莲子 Q 班 W 小朋友的个人成长档案中摘录的。为了更好地说明探索区域材料可以促进幼儿某方面能力的持续发展,教师选择了一个区中某一阶段的记录作为代表,来呈现这一周期中幼儿与材料的互动过程,教师的观察、反思、评价,以及教师诊断后为幼儿提供的支架发展材料等多方面的信息,由此展现在幼儿园课程中幼儿如何开展区域工作。

以上记录呈现的是 2014 年 4 月到 2014 年 6 月期间,W 小朋友在数学区探索的有代表性的部分案例。在她的成长档案中,这一阶段还存有她探索数学区以外的其他区域材料的记录。为了让记录线索更为清晰、明确,在此教师只进行了数学区的呈现。

第四章
数学区活动评价

《纲要》指出："教育评价是幼儿园教育工作的重要组成部分，是了解教育的适宜性、有效性，调整和改进工作，促进每一个幼儿发展，提高教育质量的必要手段。"评价是区域活动的重要组成部分，它与有准备的环境、区域活动的实施一起构成了完整的幼儿园区域课程。在区域活动中进行科学、适宜性评价能有效地引导幼儿主动参与、交流合作、解决问题和提升经验。

《幼儿园区域活动——环境创设与活动设计方法》一书中曾经提出："在教学实践中，一般从评价方式和评价对象两个视角开展区域活动评价。选用评价方式时，教师可以考虑采取实时文字记录、照片、表格和视频等多种方式对幼儿进行全面观察和分析，使评价方式具有多样性、实效性和动态性。而分析评价对象时，教师应从幼儿及材料两方面综合考虑。在评价幼儿方面，除了对幼儿在区域活动中的活动状态、行为、效率等显性因素进行评析，还要关注幼儿的情感、坚持性、专注性以及探索的欲望等非智力因素的发展和培养；在评价材料方面，要对材料的吸引性、可操作性、丰富性等进行评析。"接下来，我们将围绕"数学区材料评价方式"和"数学区幼儿活动评析方法"两个方面的内容进行详细阐述。

第四章 数学区活动评价

第一节　数学区材料评价方式

在开展区域课程评价时,教师不仅要以幼儿为对象,更要以材料为对象进行评价,因为材料是体现区域活动教育价值的载体,在区域活动中,幼儿是通过与材料的互动而得到发展的。

在区域活动中,教师需要从《纲要》的要求、幼儿的兴趣、幼儿的发展水平出发,进行活动材料的设计、投放,设计中要体现材料的多样性、层次性、操作性,也要注意材料的情境性、吸引性、适宜性,以此满足幼儿的不同需要。而科学地分析、评价投放的区域材料,可以让教师将自己对幼儿的了解和对材料的了解有机结合,及时对材料进行动态调整。通过适宜的区域材料,教师将传递活动内容从传统的师生对话的形式,演变为幼儿与材料互动的模式,可最大限度地发挥区域活动课程的作用。

一、数学区材料的评价内容

在数学区,教师为幼儿提供符合幼儿认知发展规律的数学区域材料,能够使幼儿在与材料对话中激发探究欲望,让幼儿通过与材料的互动而获得数理逻辑能力的发展。因此,教师对数学区单一材料的评价主要从"材料设计的合理性""幼儿与材料的互动记录""后续材料的提供线索"等方面进行记录。

(一)材料设计的合理性

在材料设计的合理性方面,考量主要从投放材料的安全程度、幼儿对材料的兴趣高低、材料是否满足幼儿的需求等三个方面来进行。

材料的安全是区域材料最基本的要求。评估材料的安全程度一般从材料的外部安全因素和内在安全因素两个方面进行。外部安全因素所指的是材料本身是否消除了安全隐患，排除了人为因素给幼儿造成的误伤，如材料边角修整不平、木质材料打磨不光滑等；在外部安全因素中还应该评估材料本身的卫生保健要求是否达标，充分考量危险物的含量是否符合国家标准，材料是否便于消毒，避免投放不利于幼儿健康的废旧材料，如在选择废旧材料时，应该尽可能少选择纸质和铁质的，因为这两种质地的材料不便于消毒和清洁。内在的安全因素包括材料的内容是否会让幼儿产生焦虑不安的情绪，如材料中的图片有暴力倾向、画面颜色过于鲜艳复杂，这些都会给幼儿带来不安的情绪，从而导致幼儿不愿、不敢去与此材料进行互动，因而达不到学习的效果。

　　幼儿对材料的兴趣高低是评估材料设计合理的重要标准。一份成功的材料能否引起幼儿的兴趣，需要从材料的外形、结构、色彩搭配、情境化设计、材料数量及差异、不同时期幼儿的驾驭能力等方面进行评估。比如，小班幼儿年龄小，注意持续时间较短，小肌肉动作还不够敏捷，那么教师在设计制作材料时应该充分考虑这些方面。在设计小班幼儿的材料时，为了充分调动幼儿探究的欲望，激发他们学习的兴趣，教师要使材料的外形尽可能立体化、直观化，要使材料的大小适合小班幼儿的取放及操作；材料的颜色和种类不宜太多，要保证幼儿在操作的过程中不被过多的颜色干扰；材料的数量应限定在3～6个，数量太多会超出幼儿的发展水平；此外，无论是材料的颜色、大小还是材料的形状及数量，都应该具有明显的差异性，比如，如果同类材料很多，教师就应该选择出最小、一般大小、最大的进行投放，大小差异明显的特征能够保证幼儿更好地驾驭材料，更好地完成学习任务。

　　材料是否能够满足同一年龄段不同能力幼儿的需求，也是评估材料设计是否合理的重要条件。以小班为例，同样是小班年龄段的幼儿，他们不仅在发展过程中呈现出年龄的差异，而且在学习能力和发展程度上也呈现出个体差异，如小班幼儿刚刚入园时，有的幼儿只会简单的盲数，有的幼儿已经能够手口一致地点数10以内的数。针对幼儿的个体差异，教师在设计和投放数学区材料时，需要做到对班级中每一个幼儿的发展水平有大概的了解，按照幼儿的个体差异，根据不同幼儿的需要为其提供有层次性的、个性化的材料，使能力不同的幼儿选择适合自己的材料进行操作性学习，最大程度地满足不同幼儿的学习需求。

（二）幼儿与材料的互动记录

记录幼儿与材料的互动，教师应该从个别幼儿独立操作材料的过程、班级幼儿与材料的互动频率、材料在班级中受欢迎的程度等方面进行记录，记录形式也可以多样。

记录幼儿在数学区独立操作材料的过程，也是还原幼儿自主学习的过程。在数学区，教师为幼儿提供许多可操作的材料，幼儿在与材料互动的过程中有非常大的操作与创作空间，教师在观察幼儿操作单份材料的过程中，应该及时记录下幼儿的操作过程，分析操作步骤是否清晰，幼儿能否利用材料中的线索指引独立完成操作等。如：小班中的"插花"工作，幼儿应该先观察花瓶上的数字，认读数字1—5，再点数花朵的数量，最后把花插到相应数字的花瓶里，完成数与量的对应。在操作的过程中，幼儿独自根据材料中暗藏的指引线索完成认读数字—点数数量—对应比较等一系列的操作，并形成成果。

幼儿与材料的互动记录中除了应该记录幼儿独立操作材料的过程，更应该记录班级幼儿对所有数学区材料的接触频率、喜爱程度、操作成功指数，等等。当幼儿自主选择数学区材料时，教师用心记录下幼儿每天最愿意选择的材料有哪些，有哪些材料幼儿能够在材料的指引下独立操作，幼儿操作哪些材料的成功率较高等，经过一段时间的坚持记录与数据对比分析，教师就能够从中发现最适宜的材料和亟须改进的材料，这有助于发现材料中的不足，合理地进行调整与完善。

（三）后续材料的提供线索

当教师对材料的合理性、幼儿与材料的互动有了一定的了解后，接下来，教师应该考虑的是如何更好地为数学区提供后续材料，通过材料调整来支持幼儿的学习，帮助幼儿在区域活动中获得持续性发展。在后续材料的提供中，教师需要把握两大原则，分别为材料调整的原始依据和材料调整的科学策略。

材料调整的原始依据通常来自评估中出现的以下现象：其一，就材料本身而言，在幼儿操作的过程中，教师发现材料设计上存在着不足之处，需要再次开发和修改；其二，经过幼儿多次的反复操作之后，有的材料本身失去了吸引力，随着幼儿兴趣点的改变，幼儿与现有材料的互动频率急剧下降；其三，在幼儿操作的过程中，通过一段时间的学习，班级幼儿的整体能力得到了提高，幼儿产生了新的需求，有的材料显得过于简单，已不利于幼儿"最近发展区"的学习，教师需要投放更具挑战性的后续材料。

教师在数学区后续材料的提供中，需要把握科学、合理的原则，做到适时、适度、适量，后续材料提供在时间上要做到随机性调整与整体性调整相结合，做到时间适宜、范围适度，教师根据个别幼儿的发展需求及个别材料的反馈情况进行随机性调整，小范围地提供少量的后续材料满足个体的需求。整体性调整所指的是当班级幼儿经过一段时间的学习，整体认知能力、发展水平有所提高，大部分幼儿需要挑战更高层次的学习时所进行的调整，这种后续材料的提供范围相对要广、数量相对要多一些。在后续材料的提供中，教师只有采取了不同方式的调整策略，把握住最佳时机，才能做到既不影响班级的整体区域活动常规，又能满足幼儿的集体性需求，推动幼儿的整体发展。

下面是小、中、大班幼儿数学区材料评价表（见表4-1、表4-2、表4-3）。

表 4–1　小班幼儿数学区材料评价表

评价内容 材料名称	材料设计的 合理性	幼儿与材料的 互动记录	后续材料的 提供线索
小苹果			
插花			
水果找点点			
砂纸数字			
草莓点点			
母鸡下蛋			
数字小屋			
苹果树			
毛毛虫			
月亮船			
蛇形拼图			
桃花朵朵开			
彩色串珠			
量量对应			
造房子			
图形找家			
……			

表 4-2　中班幼儿数学区材料评价表

评价内容 材料名称	材料设计的 合理性	幼儿与材料的 互动记录	后续材料的 提供线索
按规律排序			
几何体			
个位小书			
晾衣服			
数字与鸭子			
电影座位			
给动物送信			
50 板小车			
摇摇乐			
图形摆珠			
钓一钓			
瓢虫飞			
青蛙跳			
加法珠			
神秘数字			
个位、十位和百位			
……			

表 4-3　大班幼儿数学区材料评价表

评价内容 材料名称	材料设计的 合理性	幼儿与材料的 互动记录	后续材料的 提供线索
描写数字			
彩色串珠 10 的合成			
加法花			
加法板			
塞根板 1			
塞根板 2			
邮票游戏加法			
红蓝棒 10 的分解			
分杯子			
数数架减法			
蛇形游戏			
点的游戏			
银行游戏除法			
应用题			
量一量			
人民币换算			
……			

二、小班数学区材料评价表实例

在以上的章节中，我们对数学区的材料评价内容进行了详细的阐述，以下将呈现出一份深圳市莲花二村幼儿园某小班教师记录下来的完整的数学区材料评价表（见表4-4）。教师按照表格的要求，真实、全面地记录了班级幼儿在操作数学区材料过程中的情况，从这份记录中可以看出材料的安全性、层次性、引导性、可操作性、吸引性，材料结构的合理性、规范性、适宜性，幼儿与材料的互动性以及后续材料的提供与调整等。该评价表有效地达到了评价区域材料的目的。

表 4-4　莲子 C 班幼儿数学区材料评价表

班级：莲子 C 班　　　　　　　　　　　　　　　　　　　　　幼儿人数：32 人

评价内容 材料名称	材料设计的合理性	幼儿与材料的互动记录	后续材料的提供线索
小苹果	材料设计科学，符合安全要求	班级幼儿与材料的互动频率高，大多数幼儿能独立完成操作	在后续材料的提供中可将苹果的数量逐步增多
插花	幼儿喜欢，能满足学习点数的需要	观察中发现女孩特别喜欢此材料	幼儿操作熟练后，可以适当增加材料的难度
水果找点点	材料载体来自幼儿的生活，能够引发幼儿的兴趣	班级中的大部分幼儿能主动与材料互动，并独自完成操作	教师可以投放相应的记录纸让幼儿记录过程
砂纸数字	材料的设计科学合理、可操作性强	在幼儿初次与材料的互动中，需要教师做出引导	可将材料分解为认读数字及砂纸数字两份材料
草莓点点	载体选用了幼儿喜欢的草莓，能引发他们的兴趣	幼儿选择的频率很高，成功率也很高	教师可投放记录单引导幼儿进行记录与分享
母鸡下蛋	材料富有童趣、结构适宜	幼儿能在操作中手口一致地点数	在后续材料中可以逐步增加鸡蛋的数量
数字小屋	把材料设计成立体的小屋能引发幼儿游戏的兴趣	喜欢与材料互动，互动中出现持久性不强的现象	一次性操作关于 10 以内的数字的材料，可降低难度
苹果树	仿真的小树能吸引幼儿探究的愿望	幼儿在与材料的互动中能独立完成任务	个别幼儿小肌肉动作发展不完善，需加强练习

续表

评价内容 材料名称	材料设计的 合理性	幼儿与材料的 互动记录	后续材料的 提供线索
毛毛虫	能巧妙地将玩具开发成一份学具，幼儿很喜欢	班级中的大部分幼儿愿意与材料互动	可在数字6和9之间做出一个标记，帮助辨识
月亮船	以月亮作为载体，能够引发幼儿学习的兴趣	在操作的过程中出现将数字的顺序排错的现象	在材料中巧妙地设计排序指引，引导幼儿正确排序
蛇形拼图	材料经再次开发制作成小蛇能充分吸引幼儿	部分幼儿能主动挑战此工作，不怕困难	可以分层进行，适当降低难度
桃花朵朵开	材料的外形、色彩搭配合理，幼儿喜欢	操作中因纽扣过多需要提醒幼儿对应摆放	可以选择颜色与数量一致的纽扣进行操作
彩色串珠	将经典的材料再次开发，更能引发幼儿的兴趣	注意将彩色串珠摆放到凹槽中	可提供记录单检验幼儿的学习目标达成情况
量量对应	用小动物和爱吃的食物做载体能激发幼儿的探究欲望	幼儿与其互动频率很高，大部分幼儿能独立完成操作	后续可引导幼儿完成自我检验
造房子	以造房子作为载体练习20以内的数字的排序形式新颖	幼儿愿意与材料互动，个别幼儿将数字按反方向摆放	可以分别按照幼儿发展水平的不同层次投放材料
图形找家	用不同颜色的实物图形设计出的材料科学合理	幼儿能独立完成操作，有成就感	可针对幼儿的操作程度投放记录单，引导幼儿记录与分享
……			
……			
……			
……			

第二节 数学区幼儿活动评析方法

《幼儿园区域活动——环境创设与活动设计方法》一书中指出：在区域活动课程中通过对幼儿活动的评析，教师一方面可以了解幼儿的区域活动情况以及个性发展状况，另一方面也可以观察幼儿的兴趣特点以及差异性。教师只有在对幼儿进行综合观察评价的基础上，才能对每个幼儿提出个性化的指导建议，并为其提供适宜的区域环境。评价是了解课程的适宜性和有效性，调整和改进课程结构，促进每个幼儿的发展，提高教育质量的重要手段。《纲要》明确指出，评价幼儿发展状况时，要注意"全面了解幼儿的发展状况，防止片面性，尤其要避免只重知识和技能，忽略情感、社会性和实际能力的倾向"。根据《纲要》的精神，我们致力于在区域活动实践中，探索如何对幼儿进行全面综合的评析以促进幼儿的和谐发展。下面从情感、态度、能力和知识这四个方面对数学区域活动中的幼儿进行全面综合的评析。

一、数学区幼儿活动评析内容

在数学区幼儿活动评析表中，评析的项目主要含有情感、态度、能力和知识四个方面。其中每一方面都有详细的评价项目要点和评价分值，由于小、中、大班幼儿的能力及发展水平不同，所以每方面的指向标准各不相同，详细见表4-5、表4-6和表4-7。教师通过对表格的记录，综合评析每一个幼儿的发展及学习特征，从而为其制订个性化的指导方案，并为其提供适宜的区域环境及操作材料。

情感方面：教师对幼儿在活动中情感方面的评价主要从幼儿参与数学

区活动的兴趣和幼儿在活动中对待教师与同伴的情感两大方面进行评价。在幼儿参与活动的兴趣方面，教师应该观察幼儿是否满足以下条件，如：乐意参与数学区活动，积极主动地选择区域材料，珍惜区域材料或者偏爱数学区某种类型的材料，坚持完成操作并自觉收拾整理材料，等等。在观察幼儿在活动中对待教师与同伴的情感方面，需要从幼儿对教师的信任程度、在遇到困难时主动寻求教师的帮助、愿意倾听教师的谈话、愿意与同伴分享自己的成功等方面进行记录。因此，不得不说，在数学区域活动中，活动的开展、幼儿与材料的互动、幼儿与成人和同伴之间的关系是对幼儿情感的主要评价指针。

态度方面：这里的态度指的是幼儿对活动及其活动情境表现出来的一种心理倾向，通常会从幼儿在活动中的规则意识、专注力、意志力、坚持性等方面进行观察和评价。规则意识涉及幼儿是否能够很好地了解数学区进区活动规则、是否能够在活动中有较强的自律能力并能够很好地遵守规则。评价幼儿的专注力应该从两个方面着手：一方面重点关注幼儿与材料的互动情况，观察其是能够自始至终地完成一份工作还是半途而废；另一方面关注周围的环境带给幼儿的影响，观察其是否能不受周围环境的影响而安静地、专心地开展自己选择的活动。意志力所指的是当幼儿在操作数学区材料的过程中遇到有挑战性的材料时，是否能够主动地挑战困难，努力地战胜困难等。评价幼儿的坚持性，教师可以重点观察幼儿在每一份材料操作上的持续时间，他能否坚持完成自己选择的工作，及他在单位活动时间内更换材料的频率等。

能力方面：幼儿在数学区域活动中的能力主要指幼儿动手操作材料的能力、发现问题及解决问题的能力以及社会交往能力等。在数学区，教师为幼儿提供各种可操作的材料，幼儿通过亲自操作材料提高自身的动手能力，如小班的插花、小动物找家、草莓点点等，都能够让幼儿的动手操作能力获得提高，教师可以根据幼儿在活动中的表现予以记录和评价。在发现问题及解决问题的能力方面，教师应该观察幼儿在活动中遇到问题和困惑时的各种表现，如：有的幼儿会主动寻找各种办法应对遇到的困难；有的幼儿在第一时间找老师寻求帮助；有的幼儿会停止操作等着同伴或教师的帮助；有的幼儿直接放弃操作，将材料送回原地等。教师根据幼儿的种种表现，评价幼儿发现问题和解决问题的能力，并制订出相应的计划以此增强幼儿这方面的能力。在数学区，教师会投放一些与同伴共同操作的活动材料，如中班的"摇摇乐"活动，这是要求两个幼儿分别扮演不同的角色开展的活动，活动中涉及游戏先后，摆放大于和小于符号，两个游戏者必须先商量好游戏规则、先后顺序、输赢判定等。在幼儿合作的过程中，教师应该观察幼儿实施计划、完成任务、合作交流、情绪变化等情况，并以此为条件来评判幼儿在此过程中社会交往能力的发展。

知识方面：知识方面的评价指教师观察幼儿在与数学区材料的互动中是否通过材料的操作获得了系统性知识的掌握。数学区材料包括涵盖有数、量、形、时间、空间等数学概念的建构材料，以及涉及如何运用简单的数学方法解决生活和游戏中的某些简单问题的操作材料等。在操作过程中，有的幼儿对其中的某一项内容产生了兴趣，出现了偏爱某一类材料的现象，这样就导致其无法全面地掌握数学区的知识，达不到系统性学习的目的；有些幼儿喜欢挑战一些难度较大、操作步骤较复杂的材料，而有的幼儿喜欢选择一些简单的材料反复操作，教师根据幼儿选择材料、操作材料的情况及其态度能够评估出幼儿的水平达到了数学区的目标层级；教师从幼儿完成的记录单中可以看出幼儿在其他区域获得的经验是否得到了迁移，如小火车的记录单需要幼儿剪出一截截火车车厢，再有序地粘贴到纸张上，并且在空心的数字上涂上颜色，一张看似简单的记录单，能够很好地反映出幼儿剪贴、绘画、涂色的美术技能。教师从中能分析出幼儿的知识迁移能力是否得以提高。

第四章 数学区活动评价

表 4-5 小班幼儿数学区活动评析表

幼儿姓名：　　　　　　性别：男　女　　　　所在班级：小_____班
所在区域：　　　　　　材料名称：　　　　　　操作时间：
指导教师：　　　　　　评议者：　　　　　　　日期：

要点项目	评价项目要点	评价分值	
		参考最高分值	评价实际分值
情感（30）	1. 能在教师引导下选择数学区材料	10	
	2. 能与同伴友好相处	10	
	3. 需要时能接受教师的帮助	10	
态度（20）	1. 能在教师引导下专注地完成数学区材料探索	10	
	2. 能在教师鼓励下克服困难完成材料探索	10	
能力（30）	1. 能自主选择自己喜欢的数学区材料	15	
	2. 能在教师引导下有始有终地完成数学区材料探索	15	
知识（20）	1. 能在生活中发现身边的数学	10	
	2. 基本掌握小班数学区知识并获得相关经验	10	
各项目得分	情感　　　　态度　　　　能力　　　　知识　　　　总分		
综合评价	优秀（85—100分）　良好（75—84分）　合格（60—74分）　不合格（60分以下）		
等级水平			
分析评价结果			
教育策略的调整与改进			

表 4-6　中班幼儿数学区活动评析表

幼儿姓名：　　　　　性别：男　女　　　　所在班级：中　　　班
所在区域：　　　　　材料名称：　　　　　　操作时间：
指导教师：　　　　　评议者：　　　　　　　日期：

要点项目	评价项目要点	评价分值 参考最高分值	评价实际分值
情感（30）	1. 能自主选择数学区材料	10	
	2. 在教师引导下合作完成数学区材料探索	10	
	3. 需要时能主动寻求教师的帮助	10	
态度（20）	1. 能在材料引导下专注地完成数学区材料探索	10	
	2. 能借助于同伴、教师的力量克服困难完成数学区材料探索	10	
能力（30）	1. 能有条理地完成数学区材料探索	15	
	2. 能挑战有难度的数学区材料	15	
知识（20）	1. 能将数学经验运用于生活中	10	
	2. 基本掌握中班数学区知识并获得相关经验	10	
各项目得分	情感　　　态度　　　能力　　　知识　　　总分		
综合评价	优秀（85—100分）　良好（75—84分）　合格（60—74分）　不合格（60分以下）		
等级水平			
分析评价结果			
教育策略的调整与改进			

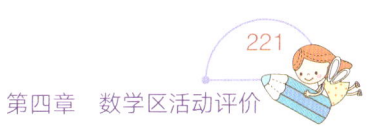

表 4-7 大班幼儿数学区活动评析表

幼儿姓名：　　　　　　性别：男　女　　　所在班级：大＿＿＿班
所在区域：　　　　　　材料名称：　　　　　操作时间：
指导教师：　　　　　　评议者：　　　　　　日期：

要点项目	评价项目要点	评价分值 参考最高分值	评价实际分值
情感（30）	1. 能根据自己的发展需要选择适宜的材料	10	
	2. 自发与同伴合作探索数学区材料	10	
	3. 主动邀请教师合作探索数学区材料	10	
态度（20）	1. 不受环境干扰、独立完成数学区材料探索	10	
	2. 能想办法克服困难完成数学区材料探索	10	
能力（30）	1. 主动完成对多重而步骤复杂的数学区材料的探索	15	
	2. 能根据自身需要均衡地选择数学区材料	15	
知识（20）	1. 能主动将数学知识进行归纳与迁移	10	
	2. 能熟练运用大班数学区知识与经验	10	
各项目得分	情感　　态度　　能力　　知识　　总分		
综合评价等级水平	优秀（85—100分）　良好（75—84分）　合格（60—74分）　不合格（60分以下）		
分析评价结果			
教育策略的调整与改进			

二、基于大、中、小班幼儿评价内容的分析

从数学区的幼儿活动评析表中可以看出，虽然表格中每一个年龄段的幼儿评析的项目都是一样的，都是针对情感、态度、能力和知识这四个项目进行评估，但是在每一个项目中，针对不同年龄段的幼儿，教师评价的要点是不同的，例如：在情感方面，小班幼儿年龄小，经常会以自我为中心，不能很好地表达自己的情感和需要，因此，在确定评价要点时，教师只提出了"能在教师引导下选择数学区材料、能与同伴友好相处、需要时能接受教师的帮助"这样简单的要求；当幼儿进入中班后，相比小班的幼儿，他们的生活经验、思维水平、学习能力、探究欲望都有了明显的改变，在情感方面，教师从主动性和合作意识方面提出了更高的要求，包括"能自主选择数学区材料、在教师引导下合作完成数学区材料探索、需要时能主动寻求教师的帮助"等内容；对于大班的幼儿，基于他们具备了主动发现问题、提出问题、自主解决问题的能力，合作意识较前两个年龄段的幼儿有了明显的增强等特点，教师在确定大班幼儿情感方面的评估条件时，增加了自主选择、自发合作、主动探究等方面的要求，包括"能根据自己的发展需要选择适宜的材料、自发与同伴合作探索数学区材料、主动邀请教师合作探索数学区材料"等内容。在态度、能力、知识三大方面教师也同样为大、中、小班的幼儿确定了不一样的评价条件和等级水平。这种分不同年龄段、分不同层次的评价，不仅能够很好地反映出幼儿在数学区活动中的一种真实状态，还能更好地成为教师了解、分析幼儿的依据，为幼儿今后的区域学习提供更好的保障。以下将展示一份填写完整的小班数学区幼儿活动评析表（见表4-8）供大家参考。

第四章 数学区活动评价

表 4-8 小班陈小满数学区活动评析表

幼儿姓名：陈小满　　　　性别：男　女 √　　　　所在班级：小一班
所在区域：数学区　　　　材料名称：毛毛虫　　　　操作时间：25 分钟
指导教师：刘老师　　　　评议者：刘老师　　　　日期：2016 年 11 月 2 日

要点项目	评价项目要点	评价分值 参考最高分值	评价实际分值
情感（30）	1. 能在教师引导下选择数学区材料	10	10
	2. 能与同伴友好相处	10	9
	3. 需要时能接受教师的帮助	10	7
态度（20）	1. 能在教师引导下专注地完成数学区材料探索	10	8
	2. 能在教师鼓励下克服困难完成材料探索	10	9
能力（30）	1. 能自主选择自己喜欢的数学区材料	15	15
	2. 能在教师引导下有始有终地完成数学区材料探索	15	12
知识（20）	1. 能在生活中发现身边的数学	10	8
	2. 基本掌握小班数学区知识并获得相关经验	10	10
各项目得分	情感 26	态度 17	能力 27	知识 18	总分 88
综合评价	优秀（85—100 分）	良好（75—84 分）	合格（60—74 分）	不合格（60 分以下）
等级水平		√		

续表

分析评价结果	小满在本次数学区活动中选择的是"毛毛虫"的工作。互动初期小满能够比较顺利地完成1—9的数字顺序摆放；操作中期需要把数字嵌入毛毛虫的身体里时，由于对数字"6"和"9"的辨认错误，小满无法把数字插入嵌板当中。当出现困难时，小满没有及时向教师求助，一度中止了与材料的互动，而去参与旁边同伴的工作。当教师观察到这个现象后，主动进行了干预与引导，最后，小满在教师的帮助下顺利完成了材料的操作。 小满是小班的幼儿，不能长时间集中注意力，操作材料的坚持性不够，规则意识与社会交往能力没很好地形成，当她在操作材料的过程中遇到困难时，容易出现逃避、放弃等行为。
教育策略的调整与改进	教师应该在观察中及时发现问题，适时进行引导，帮助小满解决困难，与其共同完成操作，让她体验到成功的乐趣，以此增强其自信心。具体策略如下： 1. 从情感上鼓励小满遇到困难时学会向老师或同伴求助，学会用语言正确地表达愿望； 2. 从态度上教师主动提出与小满共同完成任务，并引导其主动探索遇到的难题； 3. 从能力上引导小满遵守区域规则，学会与教师和同伴交往，自己动手完成操作等； 4. 从知识上小满敏感地发现了其他数学区材料中出现的数字，教师及时予以表扬与鼓励。

[1] 霍力岩,等. 幼儿园课程开发与教师专业发展——比较研究的视角[M]. 北京:教育科学出版社,2006.

[2] 王微丽,霍力岩. 支架儿童的主动学习——经历 经验 经典[M]. 北京:北京师范大学出版社,2016.

[3] 王微丽. 幼儿园区域活动——环境创设与活动设计方法[M]. 北京:中国轻工业出版社,2014.

后记

自 2000 年起,深圳市莲花二村幼儿园与北京师范大学霍力岩教授合作,开始探索区域活动在中国发展的新思路和新模式。在课程开发初期,我们积极学习并借鉴了蒙台梭利教学法(Montessori Method)中的区域材料设计和布置方法,在推进过程中,我们不断接触到新的幼儿教育理论和课程模式,如多元智能理论(Multiple Intelligences Theory)和高宽课程(High/Scope Curriculum)等,促使我们进一步创新原有的区域活动课程及材料设计。同时,我们以国家颁布的《幼儿园教育指导纲要(试行)》和《3—6 岁儿童学习与发展指南》作为主要参考文献,从中解构梳理出系统的课程目标体系,从而指导区域材料的设计、完善与本土化。通过长达十多年的反复摸索,我们不断进行调整、提升、融合,最终建构出了一套卓越的、适合中国的幼儿个别化区域学习课程。

在霍力岩教授的带领下,深圳市莲花二村幼儿园已经陆续出版了《幼儿园多元智能做中学综合主题课程(教师用书)》《幼儿园区域活动——环境创设与活动设计方法》和《支架儿童的主动学习——经历 经验 经典》等课程资源。2014 年出版的专著《幼儿园区域活动——环境创设与活动设计方法》,已成为一线幼儿园教师的重要工具书之一,市场反响非常热烈,不断有来园参访、交流、学习的专家、学者及同行提出,希望看到更为详细、更有实践指导价值的有关区域材料体系的书籍。基于对我园课程进行持续深入的总结之需,以及外界同行的强烈要求,我们对园内十几年积累的素材进行了整理、提升,这些区域材料的精华就是本书中大量鲜活素材的原型。而本书集中展

现的是区域材料体系中的数学区材料体系，通过解读数学区、数学区材料案例、数学区中教师对幼儿的支持、数学区活动评价等四个方面，全面地呈现了幼儿园数学区材料制作与投放，活动中教师的指导策略，以及活动后的评价与反思。此书的出版能为一线幼儿教师在创设数学区环境、科学地开展数学区域活动方面提供参考和借鉴，对幼儿园开展区域活动具有重要的指导作用。

在本书撰写的过程中，王微丽、何红漫、刘隼进行了框架的搭建与完善；在建构框架的基础上，何红漫、刘隼完成了第一章、第三章、第四章的撰写；卓瑞燕作为主要案例负责人统筹安排，李艳辉、戴文婷等教师配合，收集、整理第二章中的案例，并由卓瑞燕完成大班案例写作，李艳辉完成中班案例写作，戴文婷完成小班案例写作；何红漫、刘隼对全书进行了修改与完善；最终的定稿工作由何红漫、刘隼两位教师共同完成。本书的撰写与出版凝聚了很多人的心血、关心与帮助，有北京师范大学霍力岩教授的亲临指导，有"万千教育"吴红主任的全程指引，有深圳市实验幼教集团有限公司林瑛熙、吕颖、黄立志、韩智等领导的理解支持，有香港大学教育学院杨伟鹏博士对课程的梳理，有深圳市莲花二村幼儿园全体教职工的默默付出。他们无私的奉献使本书得以完成，在此一并表示感谢！在写作过程中，我们尽了最大的努力，但由于水平所限，本书必定存在不足之处，恳请各位读者批评指正。

深圳市莲花二村幼儿园

何红漫　刘隼

2017年7月6日